TOP 30 Greatest Speeches of Hillary Clinton

힐러리클린턴
명연설문
베스트 ★ 30

영어발음, 청취력 강화 +
TOEIC 리스닝 & 스피킹 완벽대비

힐러리 클린턴 명연설문 베스트 30

저 자 강홍식
발행인 고본화
발 행 탑메이드북
교재공급처 반석출판사
2016년 10월 5일 초판 1쇄 인쇄
2016년 10월 10일 초판 1쇄 발행
홈페이지 www.bansok.co.kr
이메일 bansok@bansok.co.kr
블로그 blog.naver.com/bansokbooks

157-779 서울시 강서구 양천로 583번지 B동 904호
　　　　(서울시 강서구 염창동 240-21번지 우림블루나인 비즈니스센터 B동 904호)
대표전화 02) 2093-3399 **팩 스** 02) 2093-3393
출 판 부 02) 2093-3395 **영업부** 02) 2093-3396
등록번호 제315-2008-000033호

Copyright ⓒ 강홍식

ISBN 978-89-7172-820-8 (13740)

TOP 30 Greatest Speeches of Hillary Clinton

힐러리클린턴
명연설문
베스트 ★
30

저는 이미 『영국 명연설문 베스트 30』, 『리더들의 명연설문 베스트 30』을 통해서 영어를 정말 잘하고 싶으면 영어 정복을 위한 a silver bullet(특효약)이 될 수 있는 영어 명연설문과 친구가 되라고 강력하게 조언한 바 있습니다. 그래서 이번에 출간된 『힐러리 클린턴 명연설문 베스트 30』의 머리말에서는 명연설문이 영어 도사가 되는 지름길임을 더 이상 강조하지 않으려고 합니다.

다만, 왜 명연설문, 특히 힐러리 클린턴의 명연설문이 영어 도사의 꿈을 실현하려는 독자들에게 결정적인 학습 자료가 되는지에 대한 생각을 밝히고자 합니다.

필자는 지난 6월 하순 『힐러리 클린턴 명연설문 베스트 30』 집필 계약을 한 후, 원고 인도일 이전에 그녀의 수많은 명연설을 읽기 시작했습니다. 당연히 그래야겠죠. 명연설문 30개 선정 작업도 해야 하고 출판사에서 부탁한 고려사항에 맞춰 원고를 끝내야 했으니까요. 유난히 무더웠던 7, 8월이라 쉽지 않았습니다. 또, 생업을 위해 족집게 영어강의를 하루에 두세 번씩 나갔다 온 후 매일 밤 늦은 시간에 이 원고를 쓰다 보니 더더욱 쉽지 않았습니다.

중요한 건, 원래 저의 취미는 강의를 끝내고 헬스 갔다가 미국 드라마 한두 편 보고 자는 것이었습니다. 그런데 이번에 매일 밤 또는 매일 이른 새벽 힐러리 클린턴 명연설문을 읽고, 듣고 해석하게 되면서 저의 취미인 미국 드라마 시청을 하지 않게 되었고, 시청하고 싶은 마음이 뚝 떨어졌습니다. 그만큼 지난 50일간 힐러리의 명연설문을 읽으면서 그녀의 멋진 연설, 명문장, 명표현에 푹 빠져 들었습니다. 매일 밤 그녀의 스피치를 읽고 듣고 해오면서 저자가 아닌 영어 학습자들의 입장에서 읽고 들으려고 했습니다. 7월 28일 그녀의 대선후보 수락연설 번역을 마치면서 속으로 생각했습니다. 내가 영어를 한창 배우고 영어를 잘하고 싶은 학생이라면 힐러리 클린턴의 대표적 명연설문을 주 학습교재로 활용해서 영작, 회화, 독해, 발음 등에서 고급 수준으로 끌어올리고 싶고 끌어올릴 자신이 있다고....

결론은, 『힐러리 클린턴 명연설문 베스트 30』 집필을 끝내고 나서도 오랜 취미인 미드 시청을 중단하고 대신에 힐러리의 과거 명연설문들을 찾아 읽으면서 명문장과 명표현에 감탄하는 제 자신을 발견하고 있다는 것입니다. 이 한 문장이 제가 힐러리 클린턴 명연설문이 영어의 보고라고 자신 있게 강력 추천하는 증거가 될 수 있다고 생각합니다.

아무쪼록 이 책을 최대한 잘 활용해서 금년이 가기 전에 우선 영어 준도사급에 도전해 보세요. 내년에는 꼭 영어 도사가 되시고요. Ha, ha

Author 강홍식

목차

미국 최초의 여성 대통령에 도전했던 힐러리 클린턴의 명연설문 30개를 선정해 번역과 해설, 주요 어휘를 정리한 책입니다. mp3파일을 들으면서 영문을 함께 읽어 나가면 수준 높은 명문을 감상할 수 있을 뿐 아니라 영어 실력도 동시에 향상시킬 수 있습니다.

Acceptance Speech as the Democratic Party's Presidential Candidate

민주당 대선후보 수락 연설

2016년 7월 28일, 필라델피아

2016년 7월 28일 미 펜실베이니아 주 필라델피아에서 열린 민주당 전당대회에서 행한 대선후보 수락 연설이다. 미국 역사상 첫 여성 대통령에 도전하는 클린턴은 "민주당과 공화당, 무당파를 위한 대통령, 고통받는 사람과 노력하는 사람, 성공한 사람을 위한 대통령, 나에게 투표하거나 하지 않은 사람 등 모든 미국인을 위한 대통령이 되겠다"며 통합의 리더십을 강조했다. 미국 주요 정당 최초의 여성 대통령 후보로 선출되는 역사를 쓴 날이라 유난히 공을 들여 작성된 문장들이다.

Now, we are clear-eyed about what our country is up against. But we are not afraid. We will rise to the challenge just as we always have. We will not build a wall; instead, we will build an economy where everyone who wants a good job can get one. And we'll build a path to citizenship for millions of immigrants who are already contributing to our economy. We will not ban a religion. We will work with all Americans and our allies to fight and defeat terrorism.

Yet, we know there is a lot to do. Too many people haven't had a pay raise since the crash. There's too much inequality, too little social mobility, too much paralysis in Washington. Too many threats at home and abroad. But just look for a minute at the strengths we bring as Americans to meet these challenges. We have the most dynamic and diverse people in the world. We have the most tolerant and generous young people we've ever had. We have the most powerful military, the most innovative entrepreneurs, the most enduring values, freedom and equality, justice and opportunity, we should be so proud that those words are associated with us. I have to tell you, as your secretary of state I went to 112 countries. When people hear those words, they hear America! So don't let anyone tell you that our country is weak. We're not. Don't let anyone tell you we don't have what it takes. We do. And most of all, don't believe anyone who says I alone can fix it.

up against ~에 직면하여 | **paralysis** 마비 | **what it takes** 자질, 필요한 조건

이제 우리나라가 어떤 문제에 직면해 있는지 맑은 눈으로 바라봐야 합니다. 하지만 우리는 두려워하지 않습니다. 우리는 늘 그랬듯이 난국에 잘 대처할 것입니다. 우리는 벽을 짓지는 않을 것입니다. 대신에, 좋은 일자리를 원하는 사람은 누구든 그리 할 수 있도록 경제를 건설할 것입니다. 이미 우리 경제에 기여한 수백만 이민자들을 위해 시민권을 얻을 수 있는 길을 건설할 것입니다. 우리는 종교를 금지하지 않을 것입니다. 우리는 모든 미국인들과, 테러와 싸워 물리치려고 하는 모든 동맹국들과 함께할 것입니다.

하지만 우리에겐 해야 할 일이 많습니다. 경제 위기 이후 너무나 많은 사람들이 임금 인상을 경험하지 못했습니다. 너무 많은 불공평이 있습니다. 사회적 이동성(사회적으로 상승할 기회)이 너무 부족합니다. 워싱턴은 너무 많이 마비되어 있습니다. 나라 안팎으로 너무나 많은 위협이 있습니다. 하지만 잠시 이러한 도전들에 대처하는 미국인의 힘을 보십시오. 우리는 세계에서 가장 역동적이고 다양한 국민입니다. 우리에게는 어느 때보다도 가장 관용적이고 관대한 젊은이들이 있습니다. 우리는 가장 강력한 군대를, 가장 혁신적인 기업인들을, 가장 영속적인 가치관을 가지고 있습니다. 자유와 평등, 정의와 기회와 같은 단어들이 우리와 연관되어 있음을 자랑스러워해야 합니다. 제가 국무장관으로 재직했을 당시 112개국을 방문했다는 것을 말씀드려야겠군요. 사람들은 이런 단어들을 들을 때마다 미국을 듣습니다! 그러니까 누군가가 우리나라가 약하다고 말하지 못하게 하십시오. 우리는 약하지 않습니다. 누군가가 우리에게 자질이 없다고 말하게 하지 마십시오. 우리는 자질이 있습니다. 무엇보다도 자신 혼자서 고칠 수 있다고 말하는 사람을 믿지 마십시오.

Yes, those were actually Donald Trump's words in Cleveland. And they should set off alarm bells for all of us. Really? I alone can fix it? Isn't he forgetting troops on the front lines, police officers and firefighters who run toward danger, doctors and nurses who care for us, teachers who change lives, entrepreneurs who see possibilities in every problem, mothers who lost children to violence and are building a movement to keep other kids safe? He's forgetting every last one of us. Americans don't say "I alone can fix it." We say "we'll fix it together!" And remember, remember, our Founders fought a Revolution and wrote a Constitution so America would never be a nation where one person had all the power.

240 years later, we still put our faith in each other. Look at what happened in Dallas after the assassinations of five brave police officers. Police Chief David Brown asked the community to support his force, maybe even join them. And you know how the community responded? Nearly 500 people applied in just 12 days. That's how Americans answer when the call for help goes out.

그렇습니다. 그런 것들은 실제로 도널드 트럼프가 클리블랜드에서 한 말입니다. 이런 말들을 들으면 경계심이 들어야 합니다. 정말인가요? 나 혼자 고칠 수 있나요? 그는 최전선에서 싸우고 있는 군인들, 위험을 향해 달려드는 경찰들과 소방대원들, 우리를 돌봐주는 의사들과 간호사들, 삶을 바꾸어놓는 선생님들, 모든 문제에서 가능성을 보는 기업인들, 폭력으로 자식들을 잃고도 다른 아이들의 안전을 위한 운동을 벌이는 어머니들을 잊은 것 아닌가요? 그는 우리를 누구 할 것 없이 잊어버렸습니다. 미국인들은 "나 혼자서 고칠 수 있어."라고 말하지 않습니다. "우리 함께 고칠 수 있어!"라고 말하지요. 기억하십시오. 우리 건국자들은 혁명을 일으켰고 헌법을 만들었습니다. 그리하여 미국은 한 사람이 모든 권력을 가질 수 없게 되었습니다.

240년 후 우리는 여전히 서로를 신뢰합니다. 다섯 명의 용감한 경찰관들이 살해당한 후, 댈러스에서 무슨 일이 발생했는지 보십시오. 경찰서장 데이비드 브라운은 지역사회에 경찰을 지지해달라고, 아마도 심지어 합류해달라고 호소했습니다. 지역사회가 어떻게 응답했는지 아시지요? 불과 12일 만에 약 500명이 지원했습니다. 이게 도와달라는 요청을 받을 때, 미국인들이 응답하는 방식입니다.

assassination 암살, 살해 | **police chief** 경찰서장

Twenty years ago I wrote a book called "It Takes a Village." And a lot of people looked at the title and asked, what the heck do you mean by that? This is what I mean. None of us can raise a family, build a business, heal a community or lift a country totally alone. America needs every one of us to lend our energy, our talents, our ambition to making our nation better and stronger. I believe that with all my heart. That's why "stronger together" is not just a lesson from our history, it's not just a slogan for our campaign, it's a guiding principle for the country we've always been and the future we're going to build, a country where the economy works for everyone, not just those at the top.

Where you can get a good job and send your kids to a good school, no matter what ZIP code you live in. A country where all our children can dream and those dreams are within reach, where families are strong, communities are safe and, yes, where love trumps hate. That's the country we're fighting for. That's the future we're working toward. And so, my friends, it is with humility, determination and boundless confidence in America's promise that I accept your nomination for president of the United States!

Check the Vocabulary

ambition 야망 | **principle** 원칙 | **ZIP code** 우편번호 | **humility** 겸손

20년 전 저는「마을 전체가 필요하다(It Takes a Village: 한국에서는 '집 밖에서 더 잘 크는 아이들'이라는 제목으로 출간)」라는 책을 썼습니다. 많은 사람들이 제목을 보고 대체 그게 무슨 뜻이냐고 물었습니다. 그 제목의 의미는 누구든 혼자서 가정을 꾸리거나, 기업을 세우거나, 지역사회를 치유하거나 나라를 발전시킬 수 없다는 것입니다. 미국은 우리나라를 더 낫고 강하게 만들기 위해 우리의 에너지, 재능, 야망을 빌려야 합니다. 전 진심으로 그렇게 믿습니다. 그것이 "우리는 함께하면 더 강하다"가 우리의 역사로부터 얻은 교훈만이 아닌 이유입니다. 그것은 우리 캠페인의 슬로건일 뿐만 아니라 지금까지 늘 그리고 우리가 건설하게 될 미래를 이끄는 원칙입니다. 최상층만이 아니라 모두를 위해 경제가 기능하는 나라를 말입니다.

여러분이 사는 곳의 우편번호에 관계없이 좋은 직장을 얻고 좋은 학교에 자녀들을 보낼 수 있는 나라, 우리의 모든 아이들이 꿈을 꿀 수 있고 그 꿈이 이루어질 수 있는 나라, 가족은 강하고 사회는 안전한 나라, 그래요, 사랑이 증오를 이기는 나라. 그런 나라를 위해 싸우고, 그런 미래를 향해 노력할 것입니다. 저는 겸손, 결의, 미국의 약속에 대한 무한한 신뢰를 갖고 미 대통령 후보직을 수락합니다.

01-04

And in this campaign, I've met many more people who motivate me to keep fighting for change. And with your help, I will carry all of your voices and stories with me to the White House. And you heard from Republicans and independents who are supporting our campaign. Well, I will be a president for Democrats, Republicans, independents, for the struggling, the striving, the successful, for all those who vote for me and for those who don't. For all Americans together!

White House 백악관 | **Republican** 공화당원 | **Democrat** 민주당원

이 캠페인에서 제가 변화를 위해 싸우도록 동기를 부여해주는 많은 사람들을 만났습니다. 여러분의 도움으로 여러분의 모든 목소리와 이야기를 백악관까지 가져가겠습니다. 그리고 여러분은 우리 캠페인을 지원하고 있는 공화당원들과 무당파들로부터 들으셨습니다. 제가 민주당원들뿐만 아니라 공화당원들, 무당파들, 고통받는 사람, 노력하는 사람, 성공한 사람, 저에게 투표한 사람들과 그렇지 않은 분들을 위한 대통령, 모든 미국인들과 함께하는 대통령이 되겠습니다.

Speech at the NAACP Annual Convention

전국 흑인 지위 향상 협회 연례 총회 연설

2016년 7월 18일, 오하이오 주 신시내티

2016년 7월 18일 오하이오 주 신시내티에서 열린 NAACP 연례 총회에서 배턴루지 살인사건 이후 대두되고 있는 인종 차별과 치안에 관련되어 행한 연설이다. 그녀는 7월 5일과 7월 6일 연이어 두 명의 흑인이 경찰에 의해 살해된 사건 이후 미국에서 가장 오래된 전국 조직인 '흑인 지위 향상 협회'에서 연설하게 되었다. 클린턴은 당시 사실상의 민주당 대선 후보라 이곳에서의 연설은 상당히 비중 있는 연설이 될 수밖에 없었다. 11월에 있을 대선에서 흑인들의 표심을 의식하지 않을 수 없기 때문에 표도 중요하지만, 대통령이 될 경우에 최근 사태와 같은 비극을 막기 위한 자신의 구상을 밝혔다.

 02-01

The deaths of Alton and Philando drove home how urgently we need to make reforms to policing and criminal justice… how we cannot rest until we root out implicit bias and stop the killings of African-Americans. Because there is, as you know so well, another hard truth at the heart of this complex matter. Many African-Americans fear the police. I can hear you, some of you in this room. And today, there are people all across America sick over what happened in Baton Rouge and in Dallas, but also fearful that the murders of police officers means that vital questions about police-community relations will go unanswered. Now that is a reasonable fear, isn't it? And all of this tells us very powerfully that we have to change. Many police officers across the country agree with that. But it can only happen if we build trust and accountability. And let's admit it, that gets harder every time someone else is killed.

알톤과 필랜도의 죽음은 치안과 형사사법제도 개혁을 얼마나 긴급히 해야 할 필요가 있는지, 내재된 편견을 근절하고 흑인들 살해를 중단할 때까지는 우리가 얼마나 안심할 수 없는지 이해하게 해줍니다. 여러분도 잘 아시다시피, 이 복잡한 문제의 중심에는 또 다른 냉엄한 진실이 있기 때문입니다. 많은 흑인들은 경찰을 두려워합니다. 저는 이 방에 있는 여러분 중 일부의 얘기를 들을 수 있습니다. 그리고 오늘, 미국 전역에서 사람들은 배턴루지와 댈러스에서 발생한 사태에 대해 화가 나 있을 뿐만 아니라 경찰관들의 피살이 경찰과 지역사회 간 관계에 관한 중요한 질문들에 대해 답 없이 지나가게 될 것을 의미할까 두려워하고 있습니다. 그건 합당한 두려움이지 않나요? 그런데 이 모든 것은 우리가 변해야 한다는 것을 우리에게 매우 강력하게 말해줍니다. 전국의 많은 경찰관들이 이에 동의합니다. 그러나 그건 우리가 신뢰와 책임감을 구축해야만 가능할 수 있습니다. 그리고 솔직히 말해서, 누군가가 살해될 때마다 일은 더 어려워집니다.

So now is the time for all good people, who agree that these senseless killings must end, to stand up, speak out loudly and clearly. I know that the NAACP and so many of you, individually, will do all you can to help our nation heal and start the work together to meet these challenges. We must reform our criminal justice system because everyone is safer when there is respect for the law and when everyone is respected by the law.

And let's admit it, there is clear evidence that African-Americans are disproportionately killed in police incidents compared to any other group. And African-American men are far more likely to be stopped and searched by police, charged with crimes and sentenced to longer prison terms than white men convicted of the same offenses. These facts tell us something is profoundly wrong. We can't ignore that, we can't wish it away. We have to make it right. That means end-to-end reform in our criminal justice system, not half measures, but a full commitment with real follow-through. That's why the very first speech I gave in this campaign back in April of 2015 was about criminal justice reform.

NAACP(National Association for the Advancement of Colored People) 전미 유색인 지위 향상 협회 | **criminal justice system** 형사사법제도 | **disproportionately** 불균형적으로

그래서 지금은 이 무분별한 살인이 중단되어야 한다는 데 의견을 같이하는 모든 선량한 분들이 일어나서 큰 소리로 분명하게 생각을 말해야 할 때입니다. 저는 전국 흑인 지위 향상 협회와 여러분 중 상당수는 개별적으로 우리나라가 치유되도록 최선을 다하고 이 난제들에 대처하기 위해 그 일을 함께할 것임을 알고 있습니다. 우리가 법을 존중하고, 모든 사람이 법에 의해 존중받을 때 더 안전하기 때문에 우리의 형사사법제도를 개혁해야 합니다.

인정합시다. 흑인들이 어느 다른 무리에 비해 경찰 사고에서 불균형하게 살해된다는 분명한 증거가 있다는 것을 말입니다. 또 흑인 남성들은 경찰에 의해 제지되어 수색당하고, 범죄로 기소될 가능성이 훨씬 더 높고 동일한 범죄로 유죄 판결받는 백인 남자들에 비해 더 긴 형량을 선고받을 가능성이 높습니다. 이러한 사실들은 무엇인가가 심각하게 잘못되었음을 우리에게 말해줍니다. 우리는 이걸 무시해서는 안 돼요, 우리는 그게 없어졌으면 좋겠다고 생각만 해서는 안 됩니다. 우리는 이것을 바로잡아야 합니다. 그것은 우리의 형사사법제도의 철저한 개혁을 의미합니다. 미봉책이 아닌 임무를 완수하겠다는 확고한 의지를 의미합니다. 그래서 지난 2015년 4월 이 캠페인에서 행한 저의 첫 연설은 형사사법개혁에 관한 것이었습니다.

end-to-end 철저한 | **follow-through** 완수하다

And the next president should make a commitment to fight for the reforms we so desperately need — holding police departments like Ferguson accountable, requiring accurate data on in-custody deaths like Sandra Bland, creating clear national guidelines on the use of force especially lethal force, supporting independent investigations of fatal encounters with the police.

So, I pledge to you, I will start taking action on day one and every day after that until we get this done. And you know what? When the 24-hour news cycle moves on, I won't. This is too important. This goes to the heart of who we are. This is about our character as Americans. That's why we also need to fix the crisis of mass incarceration, eliminate the disparity in sentencing between crack and powder cocaine, dismantle the school-to-prison pipeline that starts in school and diverts too many African-American kids out of school and into the criminal justice system, instead of giving them the education they deserve to have. And we need to do — all of us need to do, and I look forward to working with the NAACP. We need to do a much better job helping people who have paid their debt to society find jobs and support when they get out.

Check the Vocabulary

in-custody death 구금 중 사망 | **lethal** 치명적인 | **incarceration** 감금, 투옥 | **disparity** 차이 |
dismantle 해체하다

그래서 차기 대통령은 우리가 그토록 절실히 필요로 하는 개혁을 위해 노력해야 합니다 – 퍼거슨 같은 경찰서들에게 책임을 묻고, 샌드라 블랜드 같은 구금 중 사망 건에 대한 정확한 정보를 요구하고, 무력 사용, 특히 치명적인 무력에 대한 분명한 국가의 지침을 만들고, 경찰과의 치명적인 조우들에 대한 독립적인 수사를 지원하는 등의 개혁을 말입니다.

그래서 저는 약속드립니다. 취임 첫날 조치를 취할 것이고 후에도 우리가 이 일을 완수할 때까지 매일 조치를 취할 것이라는 것을.... 그리고 있잖아요? 24시간 방송되는 뉴스 미디어가 다른 화제로 넘어갈 때, 저는 그렇게 하지 않겠습니다(계속 이 문제에 집중하겠습니다). 이 문제는 너무 중요해요. 이것은 우리가 어떤 사람인가에 관한 문제입니다. 이것은 미국인으로서의 우리 국민성에 관한 문제입니다. 그래서 우리는 또한 대량 수감의 위기를 해결하고, 크랙 코카인과 가루 코카인 간의 형량선고에 있어서 차이를 없애고, 너무나 많은 흑인 아이들이 학교에서 시작되었지만 딴 곳으로 돌려져 감옥에 가게 되는 학교–교도소 파이프 라인을 해체해야 하는 겁니다. 그들이 당연히 받아야 할 교육을 제공하는 대신에 형사사법제도에 따라 처벌을 받게 되는 일 말입니다. 또 우리는 해야 합니다 – 우리 모두 해야 합니다. 저는 전국 흑인 지위 향상 협회와 일하기를 고대합니다. 우리는 자신들의 빚을 사회에 갚은 사람들이 직장을 구하도록 돕는 훨씬 더 나은 일을 하고 그들이 출소할 때 지원해야 합니다.

You know, America is well known and we want to be a land of second chances, but so many Americans never had a first chance to begin with. So let's give everyone a fair chance at rebuilding their lives as Abraham Lincoln said, "give everyone a fair chance in the race of life." My plan would make significant investments in reentry programs for those formally incarcerated and I will ban the box in the federal government. People deserve a real shot at an interview instead being told no right out of the gate. And then beyond criminal justice, we must, we must fight for common-sense reforms to stop gun violence.

federal government 연방정부 | **shot** 기회

아시다시피, 미국은 유명하고 우리는 제2의 기회의 나라가 되고 싶습니다. 하지만 너무나 많은 미국인들이 첫 번째 기회조차도 가져본 적이 없었습니다. 그래서 에이브러햄 링컨이 "인생에서 성공할 수 있도록 모든 사람에게 공정한 기회를 줘라"라고 말했듯이 모든 사람이 자신들의 인생 재건에 공정한 기회를 갖도록 합시다. 제 계획은 공식적으로 수감되었던 사람들을 위한 재진입 프로그램에 상당한 투자를 하는 것입니다 그리고 저는 연방정부의 박스를 금지하겠습니다. 사람들은 시작하자마자 거부되는 것이 아니라 면접을 볼 수 있는 진정한 기회를 당연히 누려야 합니다. 그리고 형사 사법을 넘어서 우리는 총기에 의한 폭력 사태를 막기 위한 상식적인 개혁을 위해 노력해야 합니다.

African Methodist Episcopal Church Speech

아프리칸 감리교 감독 교회 총회 연설

2016년 7월 8일, 필라델피아

미국뿐만 아니라 전 세계에서 주요 뉴스로 다뤄진 미국의 흑인과 경찰들의 피살이 7월 초에 연달아 발생하자 오랜 역사와 수백만 신도들을 갖고 있는 아프리칸 감리교 감독 교회에서 희생자들의 이름을 거명하며, 상처를 치유하고 미국인 간 분열을 막기 위한 형사사법제도의 개혁을 강조하고 있다.

 03-01

Today, we join to celebrate your esteemed history, the leaders and congregants who built this community and kept it strong, and your legacy of service. You seek to meet what the Book of Micah tells us are the Lord's requirements for each of us: 'To do justice, love kindness, and to walk humbly with your God.'

As President Obama has said, the church is the 'beating heart' of the African American community. This is the place where people worship, study, grieve and rejoice without fear of persecution or mistreatment. That is a precious thing, my friends, in this world. I know that, from my experience as a lifelong Methodist, how important my own church community has been to me.

So I come here today, first and foremost, to say thank you. Thank you for being part of this historic institution, and for carrying its work forward, as Bishop Green said. I also come tonight as a mother, and a grandmother to two beautiful little children. And like so many parents and grandparents across America, I have been following the news of the past few days with horror and grief.

오늘 우리는 여러분의 존경받는 역사, 지도자들과 이 공동체를 세워 강하게 유지시킨 회중, 그리고 여러분의 봉사의 유산을 기념하기 위해 모였습니다. 여러분은 하느님이 우리 각자에게 부여한 의무를 이행하려고 합니다. 하느님은 「미가서」에서 우리에게 사람들을 공평하게 대하고, 친절을 사랑하고 여러분의 신과 함께 겸허하게 걸으라고 말씀하시지요.

오바마 대통령이 말씀하셨듯이, 교회는 흑인사회에서 '가장 중요한 곳'입니다. 교회는 사람들이 박해나 학대 없이 예배하고, 공부하고, 슬퍼하고 기뻐하는 곳입니다. 친구들이여, 교회는 이 세상에서 소중한 것입니다. 저는 평생을 감리교 신자로 살아온 제 경험상, 제 자신의 교회 공동체가 제게 얼마나 중요한지를 압니다.

그래서 오늘 저는 여기에 무엇보다도 감사하다는 말을 전하기 위해 왔습니다. 그린 주교께서 말씀하신 바와 같이, 이 역사적인 교회에 참석하게 되고 이 교회의 일을 추진하게 되어 감사합니다. 저는 또한 오늘 밤 한 어머니로서, 아름다운 두 아이의 할머니로서 왔습니다. 그래서 전국에 계신 대다수의 부모님이나 할아버지, 할머니와 같이 공포와 슬픔을 느끼며 지난 며칠간의 뉴스를 시청해왔습니다.

On Tuesday, Alton Sterling, father of five, was killed in Baton Rouge – approached by the police for selling CDs outside a convenience store. On Wednesday, Philando Castile, 32 years old, was killed outside St. Paul – pulled over by the police for a broken tail light. And last night in Dallas, during a peaceful protest related to those killings, there was a vicious, appalling attack. A sniper targeted police officers. He said he wanted to hurt white people. Twelve officers were shot, along with two civilians. Five – five – officers have died. We now know all their names: Brent Thompson, Michael Krol, Michael Smith, Lorne Ahrens, and Patrick Zamarripa. And as I was on my way here today, we heard reports of another shooting yesterday morning in Tennessee.

What can one say about events like these? What can people and leaders of faith say about events like these? It's hard, isn't it, even to know where to start. But let's start here – let's take a moment to pray for all the families and the loved ones suffering today. For Alton's grieving children. For the four-year-old girl who bravely comforted her mother while Philando died in front of them. For the families of those police officers who lived every day with the fear that something like this could happen, and will always be proud of their service and sacrifice.

pull over 차를 길가에 대다 | **vicious** 잔인한 | **appalling** 끔찍한 | **grieve** 비통해하다

화요일, 다섯 아이의 아버지인 알톤 스털링이 배턴루지에서 살해되었습니다 − 경찰은 한 편의점 밖에서 CD를 팔았다는 혐의로 그에게 다가갔습니다. 서른두 살의 필랜도 카스틸은 세인트폴 밖에서 살해되었습니다 − 희생자는 미등이 깨졌다며 경찰에 의해 차를 길가에 대라는 지시를 받았습니다. 어젯밤에는 댈러스에서 이 살인사건들과 관련된 한 평화로운 시위 도중 잔인하고 끔찍한 공격이 발생했습니다. 한 저격수가 경찰관들을 겨냥했습니다. 그는 백인들을 해치고 싶다고 말했습니다. 경찰관 열두 명과 민간인 두 명이 총에 맞아 경찰관 다섯 명이 사망했습니다. 우리는 지금 이들의 이름을 압니다: 브렌트 톰슨, 마이클 크롤, 마이클 스미스, 론 아렌스 그리고 패트릭 자마리파입니다. 그리고 제가 오늘 이곳으로 오는 도중, 어제 아침 테네시에서 또 다른 총격 사건이 발생했다는 보도를 들었습니다.

사람들이 이와 같은 사건들에 무슨 말을 할 수 있을까요? 종교를 가진 사람들과 지도자들은 이와 같은 사건들에 무슨 말을 할 수 있을까요? 어디에서 시작할지를 아는 것조차 힘듭니다. 하지만 여기서 시작합시다 − 오늘 고통을 겪고 있는 모든 가족들과 사랑하는 사람들을 위해 잠시 기도하는 시간을 갖도록 하죠. 슬픔에 젖어 있는 알톤의 자녀들을 위해, 필랜도가 자신들 앞에서 숨을 거둘 때 용감하게 자신의 어머니를 위로했던 네 살 난 여자아이를 위해, 이와 같은 일이 발생할 수 있다는 두려움을 갖고 하루하루를 살았고 그들의 봉사와 희생을 언제나 자랑스러워할 그 경찰관들의 가족들을 위해서 말이죠.

We pray for those families, and for the souls of everyone we lost this week and in all weeks preceding. May they rest in God's peace. Now, there are many unanswered questions about each of these incidents. We will learn more in the days ahead. And when we know as much as we can, there must be a just accounting.

For now, let's focus on what we already know – deep in our hearts. We know there is something wrong with our country. There is too much violence, too much hate, too much senseless killing, too many people dead who shouldn't be. And we know there is clear evidence that African Americans are much more likely to be killed in police incidents than any other group of Americans. And we know there is too little trust in too many places between police and the communities they are sworn to protect. With so little common ground, it can feel impossible to have the conversations we need to have, to begin fixing what's broken. We owe our children better than this. We owe ourselves better than this.

우리는 그 가족들을 위해 그리고 이번 주와 그전에 우리를 떠난 모든 분들의 영혼을 위해 기도합니다. 천국에 고이 잠드소서. 각각의 이 사건들에 관해 답변되지 않은 많은 질문들이 있습니다. 우리는 앞으로 더 많이 알게 될 것입니다. 우리가 가능한 한 많이 알게 될 때, 행위에 대해서는 반드시 책임이 지워질 것입니다.

우선은, 우리가 이미 알고 있는 것에 진심을 다해 집중합시다. 우리는 우리나라에 뭔가 잘못된 것이 있다는 것을 압니다. 너무나 많은 폭력, 너무나 많은 증오, 너무나 많은 몰상식한 살인, 죽어서는 안 될 사람들이 너무 많이 죽는 문제들 말입니다. 그리고 우리는 흑인들이 어느 다른 무리의 미국인들에 비해 경찰 사고에서 살해될 가능성이 훨씬 높다는 명백한 증거가 있다는 것을 알고 있습니다. 또 우리는 많은 지역에서 경찰과 그들이 보호하겠다고 선서한 지역 사회들 간에 신뢰가 너무 없다는 것도 압니다. 공통점이 너무 적어 망가진 부분을 고치는 것을 시작하기 위해 우리가 가져야 할 대화를 갖기가 불가능하다고 느낄 수 있습니다. 우리의 자녀들이 이보다는 더 나은 삶을 누리게 해야 합니다. 우리는 우리 자신이 이보다는 더 나은 삶을 누리게 해야 합니다.

 03-04

I've tried to say for some time now that our country needs more love and kindness. I know it's not the kind of thing presidential candidates usually say. But we have to find ways to repair these wounds and close these divides. The great genius and salvation of the United States is our capacity to do and to be better. And we must answer the call to do that again. It's critical to everything else we want to achieve – more jobs with rising income; good education no matter what ZIP code a child lives in; affordable college; paying back debts; health care for everyone. We must never give up on the dream of this nation.

저는 아까부터 우리나라는 더 많은 사랑과 친절이 필요하다는 것을 말하려고 했습니다. 저는 이 문제는 대선후보가 흔히 말하는 그런 종류의 것이 아니라는 것을 압니다. 하지만 우리는 이 상처를 치유하고 이러한 간극을 메우는 방법을 찾아야 합니다. 미국의 비범한 재능과 구제 수단은 할 수 있고 더 잘할 수 있는 우리의 능력입니다. 그래서 우리는 그걸 다시 하라는 부름에 답해야 합니다. 이것은 우리가 성취하고자 하는 다른 모든 것에 매우 중요합니다 – 소득의 증가를 동반한 고용 창출, 아이가 사는 곳과 상관없는 훌륭한 교육환경, 저렴한 대학 등록금, 채무 상환, 모든 사람을 위한 의료 등에서 말입니다. 우리는 이 나라의 꿈을 절대로 포기해서는 안 됩니다.

SPEECH
04

Economic Speech

경제 관련 연설

2016년 6월 22일, 오하이오 주 콜럼버스

대통령이 될 경우 실행할 자신의 경제 정책과 계획이 이날 연설의 주제일 것으로 예상되었지만 힐러리 클린턴은 연설의 상당 부분을 도널드 트럼프의 비즈니스 관행과 경제 정책을 신랄하게 비판하는 데 할애하였고, 연설이 끝난 후 대부분의 주요 언론들은 클린턴이 트럼프를 조롱하듯이 무차별 공격했다고 보도했다.

Thank you! Wow, thank you! Thank you! Thank you, thank you so much. Thank you all. Well thank you, it is wonderful to be back here in Columbus.

I want to thank Governor Ted Strickland, who I hope is soon to be Senator Ted Strickland! Chairman David Pepper of the Ohio Democratic Party, Zach Klein, President of the Columbus City Council, John O'Grady, President of Franklin County Court of Commissioners, and all of you for being here with me.

I have to say I am pretty thrilled to be here for the first time speaking to any group like this as a grandmother of two now. It was an exciting weekend. Chelsea and Marc had a little boy and we are just truly over the moon. I have to confess, I've talked so much about being a grandmother, now I'm sure I'm going to be talking doubly about being a grandmother. New stories to tell.

감사합니다! 와, 감사합니다! 감사합니다! 감사합니다, 대단히 감사합니다. 모든 분께 감사합니다. 감사합니다. 이곳 콜럼버스에 다시 오게 되어 기분 좋습니다.

곧 테드 스트릭랜드 상원의원이 되기를 바라는 테드 스트릭랜드 주지사, 데이비드 페퍼 오하이오 민주당 의장, 자크 클라인 콜럼버스 시의회 의장, 존 오그래디 프랭클린 군이사회 의장과 오늘 저와 함께해주신 모든 분께 감사드립니다.

저는 많이 흥분한 상태로 여기에 와 있다는 것을 말씀드려야겠습니다. 이제는 두 아기의 할머니가 되어 이와 같은 모임에서 처음으로 연설하게 되었기 때문입니다. 신나는 주말이었어요. 첼시와 마크가 사내아이를 갖게 되어 우리는 정말 너무 행복해요. 고백하겠습니다. 저는 할머니가 된다는 것에 대해 아주 많이 이야기했었는데 이제는 할머니가 된다는 것에 대해 두 배로 이야기할 것임이 분명합니다. 새로운 이야깃거리가 생기니까요.

It's always great to be back in Ohio, and I want to talk about a challenge that Ohio families know well – growing our economy and making it work for everyone, not just those at the top.

For more than a year now, I have been listening to Americans across our country. You've told me how the recession hit your communities – how jobs dried up, home values sank, and savings vanished. And I have seen how hard you've worked to get back on your feet.

If we've learned anything about the economy over the past 20 years, it's that a President's economic decisions have real consequences for families. President Obama was handed the worst financial crisis since the Great Depression. Thanks to his leadership – and the hard work and resilience of the American people – we have seen more than 14 million private sector jobs created over the last six and a half years. And here in Ohio, the auto industry has made a strong comeback. And how appropriate as we are here in the area where students learn about autos, learn about how they are made and how they work.

vanish 사라지다 | **get back on one's feet** 다시 자립하다. 회복하다 | **consequence** 결과, 영향 |
Great Depression (1929년 10월 미국 뉴욕의 주식 폭락으로 시작한) 대공황 | **thanks to** ～ 덕택에

오하이오에 다시 오게 되는 것은 항상 기분 좋은 일입니다. 저는 오하이오 가족들이 잘 알고 있는 도전 – 우리의 경제를 발전시키고 우리의 경제가 단지 상위 계층이 아니라 모두에게 도움이 되게 하는 도전을 논하고자 합니다.

저는 1년 이상 전국에 있는 미국 시민들의 얘기를 들어왔습니다. 여러분은 제게 불황으로 지역사회가 얼마나 타격을 받았는지 얘기해주셨습니다 – 일자리가 얼마나 많이 말라붙었는지, 집값이 얼마나 하락했는지, 예금이 얼마나 사라졌는지를 얘기해주셨어요. 그리고 저는 회복을 위해 여러분이 얼마나 열심히 일해왔는지를 봤습니다.

우리가 지난 20년 동안 경제에 대해 뭔가를 배웠다면, 그건 대통령의 경제 정책 결정이 가족들에게 실질적인 영향을 미친다는 겁니다. 오바마 대통령은 대공황 이후 최악의 경제 위기를 물려받았습니다. 대통령의 리더십 – 그리고 미국 국민의 노력과 복원력 – 덕택에 우리는 지난 6년 반 동안 1,400만 개 이상의 민간부문 일자리가 창출된 것을 보았습니다. 그리고 이곳 오하이오의 자동차 산업은 강력하게 부활했습니다. 우리가 여기 학생들이 자동차에 대해 배우고, 자동차들이 어떻게 제조되고 어떻게 작동하는지 배우는 곳에 있기 때문에 말이 되는 이야기입니다.

 04-03

So, we know people are working harder and longer just to keep their heads above water. And to deal with the costs, the everyday costs, the costs of basics like childcare and prescription drugs that are too high. College is getting more expensive every day. And wages are still too low and inequality is too great. Good jobs in many parts of our country are still too hard to come by.

Now these problems are serious – but I know we can overcome them together. I really believe in this country because I believe in the American people. America's economy isn't yet where we want it to be – but we are stronger and better positioned than anyone in the world to build the future you and your children deserve.

But today, I want to talk about what Donald Trump is promising to do to the economy. After more than a year, it's important that he be held accountable for what he says he'll do as President. And we need to clear the way for a real conversation about how to improve the lives of working people.

그리고, 우리는 사람들이 그저 빚지지 않고 살아가기 위해 더 열심히 더 오래 일하고 있다는 것을 압니다. 제반 비용을 해결하기 위해, 매일 들어가는 비용, 육아 같은 기본비용과 너무 비싼 처방약을 해결하기 위해서 말이죠. 대학 등록금은 나날이 더 비싸지고 있고 임금은 여전히 너무 낮고 불평등은 극심합니다. 우리나라의 많은 곳에서 좋은 일자리는 여전히 구하기가 너무 힘듭니다.

지금 이 문제는 심각합니다만 저는 우리가 함께 이 문제들을 극복할 수 있다는 것을 압니다. 저는 미국 국민을 믿기 때문에 정말로 이 나라를 믿어요. 미국의 경제는 아직 우리가 원하는 곳에 있지 않습니다. 하지만 우리는 여러분과 여러분의 자녀들이 누릴 자격이 있는 미래를 건설하기에 세계 어느 나라보다도 더 강하고 더 나은 위치에 있습니다.

하지만 오늘은 도널드 트럼프의 경제 공약에 대해 논하고자 합니다. 1년 이상 지나서 그가 대통령으로서 할 것이라고 말하는 것에 대해 책임지는 것은 중요합니다. 그래서 우리는 근로자들의 삶을 향상시키는 방법에 대한 진정한 대화를 준비해야 합니다.

 04-04

A few weeks ago, I said his foreign policy proposals and reckless statements represent a danger to our national security. But you might think that because he has spent his life as a businessman, he'd be better prepared to handle the economy. Well it turns out, he's dangerous there, too. Just like he shouldn't have his finger on the button, he shouldn't have his hands on our economy.

Now, I don't say that because of typical political disagreements. Liberals and conservatives say Trump's ideas would be disastrous. The Chamber of Commerce and labor unions, Mitt Romney and Elizabeth Warren, economists on the right and the left and the center all agree: Trump would throw us back into recession.

One of John McCain's former economic advisers actually calculated what would happen to our country if Trump gets his way. He described the results of a Trump Recession: we would lose three and a half million jobs, incomes would stagnate, debt would explode, and stock prices would plummet. And you know who would be hit the hardest: the people who had the hardest time getting back on their feet after the 2008 crisis.

reckless 무모한, 무분별한 | **liberal** 자유주의자, 진보주의자 | **stagnate** 정체되다 | **plummet** 수직
으로 떨어지다

몇 주 전, 저는 도널드의 외교정책안과 무분별한 발언은 우리나라의 안보에 위험이 된다고 말한 바 있습니다. 하지만 여러분은 그 사람이 사업가로서 인생을 보냈기 때문에 그가 경제를 다룰 준비가 더 잘되어 있다고 생각할 수도 있습니다. 글쎄요, 그분은 경제에서도 위험한 것으로 드러났습니다. 그가 핵무기를 통제하는 것이 허용되어서는 안 되는 것처럼, 그가 우리 경제를 통제하는 것이 허용되어서는 안 됩니다.

저는 지금 전형적인 정치적 이견 때문에 이 말을 하는 것이 아닙니다. 진보와 보수 다 트럼프의 아이디어는 재앙을 몰고 올 것이라고 말합니다. 상공회의소와 노조, 미트 롬니와 엘리자베스 워렌, 우파, 좌파, 중도 경제학자 모두 트럼프가 대통령이 되면 우리를 경기침체에 빠지게 할 것이라는 데 의견을 같이하고 있습니다.

존 매케인의 전 경제 고문을 지낸 분은 실제로 트럼프가 하고 싶은 대로 하면 우리나라가 어떻게 될지를 계산해봤습니다. 그는 트럼프 경기침체의 결과가 350만 개의 일자리 감소, 소득 정체, 채무 폭발, 주가 폭락이 될 것이라고 말했습니다. 아시잖아요, 누가 가장 심한 타격을 받게 되는지. 2008년 위기 이후 다시 일어설 때 가장 힘든 시간을 보냈던 사람들이 가장 심한 피해를 보게 됩니다.

One of the leading firms that analyzes the top threats to the global economy – called the Economist Intelligence Unit – comes out with a new list of threats every month. It includes things like terrorism and the disintegration of Europe. And this month, number three on the list is Donald Trump becoming President of the United States. Just think about that.

Every day, we see how reckless and careless Trump is. He's proud of it. Well – that's his choice. Except when he's asking to be our President. Then it's our choice.

disintegration 붕괴 | **careless** 조심성 없는

세계 경제에 대한 최대 위협을 분석하는 주요 회사 중 하나인 '이코노미스트 인텔리전스 유닛'은 매달 새로운 위협목록을 내놓습니다. 그 목록에는 테러와 유럽의 붕괴 같은 것들이 포함됩니다. 그런데 이번 달 이 목록의 3위는 미국 대통령이 된 도널드 트럼프입니다. 한번 생각해보세요.

우리는 매일 트럼프가 얼마나 무모하고 조심성 없는 사람인지를 봅니다. 그 사람은 그걸 자랑스러워하죠. 그건 그분의 선택입니다. 그가 우리의 대통령이 되고 싶다고 할 때를 제외하고는요. 그때는 우리의 선택입니다.

Remarks on the Orlando Shooting

올랜도 총기 난사 사건에 관한 연설

2016년 6월 14일, 필라델피아 피츠버그

미국 역사상 최악의 총기 참사인 올랜도 테러 사건이 플로리다 주 올랜도 게이 나이트클럽에서 발생하여 49명이 사망하고 53명이 부상했다. 테러 다음 날 행한 이 연설에서 클린턴은 이 사건을 계기로 총기 규제를 강화해야 함을 강조하면서 앞으로 이와 같은 대량 살상과 끔찍한 테러를 예방하기 위한 자신의 구체적인 계획을 밝혔다.

I always love coming to Pittsburgh and western Pennsylvania, and it's especially great to be here after the Penguins clinched the Stanley Cup again! It's quite a record now. They've got some ways to go before they match the Steelers in terms of, you know, winning it all but they're on their way. The County Executive and I were talking, and he said something that really struck me. The Penguins did this the old fashion way: teamwork, hard work, and resilience. And that's what we're going to do in this election. That's what we're going to do in our country. When I planned this trip, I intended to give a different talk today. About how we make our economy work for everyone, not just those at the top, how we reduce economic inequality that's threatening not just our economy, but our democracy, how we rebuild our infrastructure, stand with our steelworkers against illegal dumping by China. And I wanted to talk too about how unions like yours, IBEW, and the steelworkers, and so many others, helped build the greatest middle class in the world. If anybody has a chair you can use it because don't worry, the folks behind you have sat down and everybody is seated. That's great.

clinch 성사시키다 | **IBEW(Internation Brotherhood of Electrical Workers)** 국제 전기공 조합 | **middle class** 중산층

저는 피츠버그와 펜실베이니아 서부에 오는 것을 항상 좋아하는데 오늘은 피츠버그 펭귄스가 다시 스탠리컵을 차지한 후 이곳에 오게 되어 특별히 기분이 좋습니다. 대단해요. 대단한 기록을 냈습니다. 우승기록 면에서 볼 때, 스틸러스에 필적하려면 갈 길이 좀 남았습니다만 펭귄스는 그 길을 가고 있는 중입니다. 군 행정 책임자는 저와 얘기를 나누던 중 정말 감동적인 말을 했어요. 펭귄스는 이 우승을 옛 방식인 팀워크, 성실한 노력, 회복력으로 일궈냈다더군요. 이게 바로 우리가 이번 선거에서 하고자 하는 것입니다. 이게 바로 우리나라에서 우리가 하고자 하는 것입니다. 저는 이 여정을 계획했을 때, 오늘 다른 얘기를 하고자 했었습니다. 어떻게 상위 계층뿐 아니라 모든 국민에게 맞는 우리의 경제를 만들지, 어떻게 우리의 경제뿐만 아니라 우리의 민주주의를 위협하고 있는 경제적 불평등을 줄일지, 어떻게 우리의 사회 기반시설을 재건하고 중국의 불법 덤핑에 맞서 우리의 철강 노동자들을 지지할지에 대해서요. 그리고 여러분과 같은 노조, 국제 전기공 조합, 철강 노동자들과 기타 많은 다른 분들이 어떻게 해서 이 세상에서 가장 위대한 중산층 건설을 도왔나에 대해서도 얘기하고 싶었습니다. 의자를 가지고 계신 분은 사용해도 좋아요. 걱정 마세요. 여러분 뒤에 계신 분들이 앉아 모두 다 착석했으니까요. 잘됐네요.

 05-02

You see, I draw from our history that labor is central to whatever we want to achieve. I'm going to be a strong partner and advocate for the American labor movement, for working people, for your rights and your opportunities to make the very best possible living in the greatest country on earth. These are the issues that are in my heart. I will be talking about them in the weeks ahead. They're really at the center of my campaign.

But today, there are different things on my mind – and probably on yours, too, as Leo said. We are all still reeling from what happened on Sunday in Orlando. Another terrorist attack – not overseas, but here at home. So many Americans killed and wounded. A hate crime at an LGBT nightclub, right in the middle of Pride Month. The deadliest mass shooting in the history of the United States. The losses stretch all the way to Pennsylvania. Two of the victims were from this state. Akyra Murray, a high school basketball star from Philadelphia, was killed; she was just 18 years old. And her friend Patience Carter, also from Philadelphia, was shot. It's a poignant reminder that even in a country as big as ours, we are all connected. And our hearts are with Patience and Akyra's families, and all the families who are grieving now. Since Sunday, we've been trying to make sense of what happened, and what we together can do to prevent future attacks.

우리 역사에서 볼 때 노동은 우리가 성취하고자 하는 것에 핵심적인 역할을 합니다. 저는 근로자들을 위한 미국의 노동 운동, 여러분의 권리와 기회를 위한 강력한 동반자와 지지자가 되어 지구상에서 가장 위대한 나라에서 가능한 한 최고의 생계를 유지하도록 할 것입니다. 이런 문제들이 제 마음속에 있습니다. 저는 이 문제들을 앞으로 몇 주 동안 논할 것입니다. 이런 문제들은 정말로 제 선거운동의 중심에 있습니다.

하지만 오늘은 제 마음속에 다른 것들이 있습니다 – 레오가 말했듯이, 여러분의 마음속도 그럴 겁니다. 우리 모두 아직 일요일에 있었던 올랜도 사건의 충격에서 벗어나지 못하고 있습니다. 또 한 차례의 테러 공격으로 – 해외도 아닌 여기 국내에서 – 많은 미국 시민 사상자가 발생했습니다. 성소수자 인권의 달 한가운데에 한 성소수자 나이트클럽에서 증오 범죄가 발생했습니다. 미국 역사상 가장 끔찍한 난사 사건이죠. 사상자는 펜실베이니아까지 이릅니다. 희생자 두 명은 이곳 출신입니다. 필라델피아에서 온 고등학교 농구스타 아키라 머레이가 살해되었습니다. 그녀는 불과 열여덟 살이었습니다. 그녀의 친구 페이션스 카터도 필라델피아 출신인데 총에 맞았습니다. 우리같이 큰 나라에서조차 우리 모두 서로 연결되어 있음을 강렬하게 상기시켜줍니다. 우리도 페이션스와 아키라의 가족, 그리고 지금 슬픔에 빠져 있는 모든 희생자 가족들과 함께 애통해하고 있습니다. 일요일 이후 우리는 사건의 진상을 파악 중이고 이와 같은 사건의 예방을 위해 함께할 수 있는 일을 이해하려고 합니다.

poignant 통렬한, 신랄한

Yesterday in Cleveland, I once again laid out my plan for defeating ISIS and the broader radical jihadist movement, around the world and online and for combating radicalization here at home, including a special focus on detecting and preventing so-called 'lone wolf' attacks like we saw in Orlando and San Bernardino. These attacks are carried out by individuals who may or may not have any direct contact with an organization like ISIS, but are inspired, primarily over the Internet, by its twisted ideology. I reemphasized the importance of working with Muslim communities here at home, who are often the most likely to recognize radicalization before it's too late. After the attacks in Paris, Brussels and San Bernardino, I met with homeland security officials and Muslim community leaders in Minneapolis and Los Angeles, to hear their ideas for building stronger partnerships. We need to lift up voices of moderation and tolerance.

저는 어제 클리블랜드에서 다시 한 번 전 세계와 인터넷상에서 ISIS를 비롯한 보다 광범위한 급진 지하드 전사 운동을 격퇴하고 여기 국내에서의 과격화를 막기 위한 저의 계획을 내놓았습니다. 이 중에는 우리가 올랜도와 샌버너디노에서 본 것과 같은 소위 '외로운 늑대' 공격을 탐지, 예방하는 데 특별히 중점을 두는 내용이 포함되어 있습니다. 이런 공격들은 ISIS 같은 조직과 직접적으로 접촉했을 수도 있고 아닐 수도 있지만, 주로 인터넷을 통해 ISIS의 왜곡된 이념에 고무되는 개인들에 의해 저질러집니다. 저는 여기 국내에 있는 이슬람 공동체와의 협력의 중요성을 다시 강조했습니다. 이들은 흔히 너무 늦기 전에 과격화를 인지할 가능성이 높습니다. 저는 파리, 브뤼셀, 샌버너디노 공격 이후, 미니애폴리스와 로스앤젤레스에서 국내 안보 관계자들과 이슬람 공동체 지도자들을 만나 보다 강력한 동반자 관계를 구축하기 위한 그들의 구상을 들었습니다. 우리는 중용과 관용의 목소리를 높여야 합니다.

I also said something I've been saying from the very beginning of this campaign: I believe we Americans are capable of both protecting our Second Amendment rights while making sure guns don't fall into the wrong hands. The terrorist in Orlando was the definition of 'the wrong hands.' And weapons of war have no place in our streets. So the questions being debated this week about how we deal with the threat of terrorism are some of the most charged and important issues we face. And there are bound to be differences of opinion. In a country as diverse and complex as ours, I think that's a given. But I believe that despite those differences of opinion, on a deeper level, we are all on the same team. We may not see eye to eye on everything, but we are all Americans. And there is so much more that unites us than divides us. I have said many times.

Second Amendment 수정 헌법 제2조(무기 휴대의 권리를 보장) | **I think that's a given.** 그건 당연하다고 생각해요. | **see eye to eye** 견해가 일치하다

저는 또한 이 캠페인의 초기부터 무엇인가를 말했습니다. 저는 우리 미국인들이 총기가 나쁜 사람들의 손에 들어가지 않게 하면서 우리의 수정 헌법 제2조 권리를 보장할 수 있는 능력이 있다고 봅니다. 올랜도의 테러리스트는 '나쁜 사람들의 손'의 정의라 할 수 있지요. 전쟁무기는 우리의 거리에 설 땅이 없어요. 따라서 우리의 테러 위협 대응 방식에 대해 이번 주 논의되고 있는 문제들은 가장 격론을 일으킬 만하며 우리가 마주하는 가장 중요한 쟁점들입니다. 의견의 차이가 있을 수밖에 없어요. 우리같이 다양하고 복잡한 나라에서 그건 당연하다고 생각해요. 하지만 저는 그와 같은 심한 이견에도 불구하고 우리 모두 같은 팀이라고 생각합니다. 우리가 모든 일에 견해가 일치하지 않을 수도 있지만 우리는 모두 다 미국인이고 우리를 분열시키기보다는 우리를 단합시키는 것이 훨씬 더 많습니다. 이 말은 제가 여러 차례 말했어요.

Historic Victory Speech

민주당 대선후보 경선 승리 연설

2016년 6월 7일, 뉴욕 브루클린

집념의 힐러리 클린턴은 드디어 이날 여성 정치사에 한 획을 긋는 민주당의 대선후보로 확정되었다. 8년 전 오바마와 치열하게 싸우다가 고배를 든 경험이 있는 클린턴으로서는 감회가 새로울 것이다. 이날 "우리나라는 아직 역사를 쓰지 않았다"고 말함으로써 11월 대선에서 승리하여 미 역사상 최초의 여성 대통령이 되겠다는 그녀의 야망을 읽을 수 있다.

 06-01

Thanks to you, we've reached a milestone – the first time in our nation's history that a woman will be a major party's nominee for president of the United States.

Tonight's victory is not about one person. It belongs to generations of women and men who struggled and sacrificed and made this moment possible. In our country, it started right here in New York, a place called Seneca Falls, in 1848. When a small but determined group of women, and men, came together with the idea that women deserved equal rights, and they set it forth in something called the Declaration of Sentiments, and it was the first time in human history that that kind of declaration occurred.

So we all owe so much to those who came before, and tonight belongs to all of you.

struggle 투쟁하다 | **Seneca Falls** 미국 뉴욕 주 서북부에 있는 도시로 1848년 여성의 권리 획득을 위한 미국 최초의 회의가 열린 곳이다.

우리는 여러분 덕분에 우리나라 역사상 처음으로 여성이 다수당의 대선후보가 되는 대기록을 세웠습니다.

오늘 밤의 승리는 한 사람의 승리가 아닙니다. 이 승리는 투쟁하고 희생해서 이 순간이 가능하게 했던 여러 세대 남녀의 것입니다. 이 나라에서 그것은 1848년 세니커 폴스라고 불리는 뉴욕의 바로 이곳에서 시작되었습니다. 소수였지만 결연한 남녀들이 여성들은 동등한 권리를 가질 자격이 있다는 생각을 가지고 함께 협력했을 때였습니다. 이분들은 감성선언서라고 하는 것에서 그들의 생각을 밝혔는데 이런 종류의 선언이 이루어진 것은 인류 역사상 처음 있는 일이었습니다.

그렇기 때문에 우리 모두 앞서 투쟁한 분들에 아주 많은 빚을 지고 있고 오늘 밤은 여러분 모두의 것입니다.

 06-02

I want to thank all the volunteers, community leaders, the activists, and organizers who supported our campaign in every state and territory. And thanks especially to our friends in New Jersey for such a resounding victory tonight. Thanks for talking to your neighbors, for making contributions. Your efforts have produced a strong majority of the popular vote, victories in a majority of the contests, and after tonight, a majority of pledged delegates.

I want to thank all the people across our country who have taken the time to talk with me. I've learned a lot about you and I've learned about those persistent problems and the unfinished promise of America that you are living with. So many of you feel like you are out there on your own, that no one has your back. Well, I do. I hear you, I see you.

resounding victory 대승리 | **persistent** 끈질긴, 지속적인

저는 모든 자원 봉사자들, 지역사회 지도자들, 활동가들 그리고 조직자들에게 감사드리고 싶습니다. 이분들은 모든 주와 지역에서 우리의 선거운동을 지원해주셨습니다. 그리고 특별히 오늘 밤 압도적인 승리를 거둔 데 대해 뉴저지 주의 친구들에게 감사합니다. 여러분의 이웃들과 대화를 나누고 기여를 해주셔서 감사합니다. 여러분의 노력으로 일반투표에서 과반수의 표를 얻었고 경선에서 승리한 곳들이 과반수이고 오늘 밤 이후에는 과반수의 선언 대의원들이 나올 것입니다.

저는 시간을 내서 저와 대화를 나눈 전국의 모든 분께 감사의 말을 전하고 싶습니다. 저는 여러분에 대해 많은 것을 알았고 지속적인 문제들과 여러분이 감수하고 있는 미완성된 미국의 약속에 대해서도 알게 되었습니다. 그렇기 때문에 여러분 대다수는 홀로 감당해야 하는 것 같은 생각, 뒤를 받쳐주는 사람이 아무도 없다는 생각을 갖게 되는데 저는 여러분을 지지하고, 여러분의 말에 귀를 기울이고 여러분이 바라는 것을 알고 있습니다.

 06-03

And as your president, I will always have your back. I want to congratulate Senator Sanders for the extraordinary campaign he has run. He has spent his long career in public service fighting for progressive causes and principles, and he's excited millions of voters, especially young people. And let there be no mistake: Senator Sanders, his campaign, and the vigorous debate that we've had about how to raise incomes, reduce inequality, increase upward mobility have been very good for the Democratic Party and for America. This has been a hard-fought, deeply-felt campaign. But whether you supported me, or Senator Sanders, or one of the Republicans, we all need to keep working toward a better, fairer, stronger America.

We all want an economy with more opportunity and less inequality, where Wall Street can never wreck Main Street again. We all want a government that listens to the people, not the power brokers, which means getting unaccountable money out of politics. And we all want a society that is tolerant, inclusive, and fair.

cause 대의 | **hard-fought** 격전을 벌이는, 치열한 | **wreck** 파괴하다, 망가뜨리다 | **Main Street** 미국 중산층

저는 대통령으로서 언제나 여러분의 뒤를 받쳐줄 것입니다. 저는 샌더스 의원이 치러 온 훌륭한 경선에 축하를 보내고 싶습니다. 그분은 오랫동안 공직에 몸담아오면서 진보적인 대의와 원칙을 위해 싸워오셨고 수백만 유권자들, 특히 젊은 층을 흥분시켰습니다. 오해가 없기를 바랍니다: 샌더스 상원의원, 그분의 선거운동, 그리고 우리가 소득을 늘리고, 불평등을 줄이고, 더 많은 사람들의 경제, 사회적 지위 상승 방법을 놓고 벌여왔던 격렬한 논쟁은 민주당과 미국에 매우 유익한 것이었습니다. 이번 경선은 치열하게 싸운 감동적인 캠페인이었습니다. 하지만 여러분이 저를 지지했건 샌더스 상원의원을 지지했건, 혹은 공화당원이건, 우리 모두 보다 나은, 보다 공평한, 보다 강한 미국을 향해 계속 노력해야 합니다

우리 모두 기회는 많아지고 불평등은 줄어들어 월가가 다시는 중산층을 파괴시킬 수 없는 경제를 원합니다. 우리 모두 막후 인물이 아니라 국민의 말에 귀를 기울이는 정부를 원합니다. 이는 출처가 분명하지 않은 돈이 정치에서 사라져야 한다는 겁니다. 우리는 또한 관대하고, 포용적이며 공평한 사회를 원합니다.

 06-04

We all believe that America succeeds when more people share in our prosperity; when more people have a voice in our political system; when more people can contribute to their communities. We believe that cooperation is better than conflict, unity is better than division, empowerment is better than resentment, and bridges are better than walls. It's a simple but powerful idea. We believe that we are stronger together. And the stakes in this election are high. And the choice is clear.

우리 모두 더 많은 사람들이 우리의 번영을 서로 나눌 때 미국이 성공한다고 믿고 있습니다. 더 많은 사람들이 우리의 정치 체제에 목소리를 낼 때, 더 많은 사람들이 그들의 지역사회에 기여할 수 있을 때 미국이 성공한다는 거죠. 우리는 협력이 갈등보다 낫다고, 단합이 분열보다 낫다고, 권한 부여가 억울함보다 낫다고, 교량이 벽보다 낫다고 믿고 있습니다. 그건 단순하지만 강력한 아이디어입니다. 우리 모두 함께할 때 더 강하다고 믿고 있습니다. 그래서 이번 선거가 대단히 중요합니다. 그리고 선택은 분명합니다.

National Security Address

국가 안보에 관한 연설

2016년 6월 2일, 캘리포니아 주 샌디에이고

해군기지가 있어 해군 도시라 불리는 샌디에이고에서 힐러리 클린턴은 상원 군사위원회 소속으로 상원의원 경력, 국무장관 경력을 내세워 자신이 국군 총사령관으로서의 자질을 갖춘 대선후보이며, 기질적으로 대통령이 되기에 부적합하고 위험한 외교정책을 펼 수 있는 트럼프에게 미국의 안보를 맡길 수 없다고 역설하고 있다.

As I see it, there are some important things our next President must do to secure American leadership and keep us safe and our economy growing in the years ahead. These are all areas in which Donald Trump and I profoundly disagree. And they are all critical to our future.

First, we need to be strong at home. That means investing in our infrastructure, education and innovation – the fundamentals of a strong economy. We need to reduce income inequality, because our country can't lead effectively when so many are struggling to provide the basics for their families. And we need to break down the barriers that hold Americans back, including barriers of bigotry and discrimination.

Compare that with what Trump wants to do. His economic plans would add more than $ 30 trillion – that's trillion with a "t" – $ 30 trillion to our national debt over the next 20 years. He has no ideas on education. No ideas on innovation. He has a lot of ideas about who to blame, but no clue about what to do. None of what Donald Trump is offering will make America stronger at home. And that would make us weaker in the world.

profoundly 극심하게 | **bigotry** 편견 | **discrimination** 차별

제가 보기에, 미국의 지도력을 확실히 하고 우리를 안전하게 하고 앞으로 우리의 경제를 성장시키기 위해 우리의 차기 대통령이 해야 할 중대한 몇 가지가 있습니다. 지금 언급하는 분야들은 모두 다 도널드와 제가 상당한 이견을 보이는 곳입니다. 이러한 곳들은 모두 다 우리의 미래에 매우 중대합니다.

첫째, 나라 안이 강해져야 합니다. 이것은 우리의 기반시설, 교육 및 혁신에 투자하는 것을 의미합니다. 이것은 강한 경제의 근간입니다. 우리는 소득 불공평을 줄여야 합니다. 왜냐하면 아주 많은 사람들이 가족의 의식주를 해결하기 위해 몸부림친다면 우리나라는 효과적으로 (세계를) 이끌어나갈 수 없기 때문입니다. 그리고 우리는 편견과 차별의 장벽을 포함하여 미국인들을 가로막는 장벽을 철폐해야 합니다.

그걸 트럼프가 하고자 하는 것과 비교해보세요. 그 사람의 경제 계획에 따르면 30조 달러 이상 - t로 시작되는 조 - 향후 20년 동안 우리나라의 채무를 늘릴 것입니다. 그는 교육에 대한 아이디어도 없고, 혁신에 대한 아이디어도 없고, 누구를 비난할지에 대해서는 아는 게 많지만 뭘 해야 하는지는 아는 게 하나도 없어요. 도널드 트럼프가 내놓고 있는 것은 어느 것도 미국을 국내적으로 더 강하게 하지 못할 것입니다. 또 그건 세계에서도 우리를 더 약하게 할 뿐입니다.

 07-02

Second, we need to stick with our allies. America's network of allies is part of what makes us exceptional. And our allies deliver for us every day. Our armed forces fight terrorists together; our diplomats work side by side. Allies provide staging areas for our military, so we can respond quickly to events on the other side of the world. And they share intelligence that helps us identify and defuse potential threats.

Third, we need to embrace all the tools of American power, especially diplomacy and development, to be on the frontlines solving problems before they threaten us at home. Diplomacy is often the only way to avoid a conflict that could end up exacting a much greater cost. It takes patience, persistence and an eye on the long game – but it's worth it. Take the nuclear agreement with Iran. When President Obama took office, Iran was racing toward a nuclear bomb. Some called for military action. But that could have ignited a broader war that could have mired our troops in another Middle Eastern conflict. President Obama chose a different path. And I got to work leading the effort to impose crippling sanctions. We brought Iran to the table. We began talks. And eventually, we reached an agreement that should block every path for Iran to get a nuclear weapon.

stick with ~와 함께 있다 | **exceptional** 이례적으로 우수한, 특출한 | **staging area** 집결지 |
defuse 완화하다 | **embrace** 수용하다, 껴안다 | **frontline** 최전선 | **exact** 요구하다, 필요로 하다

둘째, 우리는 우리의 동맹국들에 충실해야 합니다. 미국의 우방국 망은 우리를 특출하게 만들어주는 것의 일환입니다. 우리의 동맹국들은 매일 우리에게 무언가를 가져다줍니다. 우리 국군은 우리와 함께 테러범들과 싸웁니다. 우리의 외교관들은 협력해서 일합니다. 동맹국들은 세계의 반대편에서 일어나는 사건들에 우리가 신속히 대응할 수 있도록 우리의 군을 위한 집결지를 제공합니다. 그리고 그들은 우리가 잠재적 위협을 확인하고 완화하는 데 도움이 되는 정보를 공유합니다.

셋째, 우리는 모든 도구의 미국의 힘을 – 특히 외교와 발전 면에서 – 수용할 필요가 있습니다. 그들이 우리를 위협하기 전에 문제들을 해결하는 최전선에 있기 위해서는 말이죠. 외교는 흔히 훨씬 더 큰 대가를 치르게 하는 전쟁을 피할 수 있는 유일한 방법입니다. 그것은 인내, 끈기와 장기적인 시각을 필요로 하지만 그만한 가치가 있습니다. 이제 이란과의 핵 협정을 얘기해보겠습니다. 오바마 대통령이 취임했을 때, 이란은 핵폭탄을 향해 질주하고 있었습니다. 일부에서는 군사행동을 요구했습니다. 하지만 그것은 보다 광범위한 전쟁을 촉발시켜 우리 군을 또 다른 중동 분쟁에 휘말리게 할 수도 있었던 겁니다. 오바마 대통령은 다른 길을 택했고 저는 심각한 제재를 가하는 노력에 착수했습니다. 우리는 이란을 협상 테이블로 데려와 협상을 시작했습니다. 그래서 결국 우리는 합의에 이르러 이란이 핵무기를 갖게 되는 모든 길을 막아버렸습니다.

mire 수렁(진창)에 빠지게 하다

Fourth, we need to be firm but wise with our rivals. Countries like Russia and China often work against us. Beijing dumps cheap steel in our markets. That hurts American workers. Moscow has taken aggressive military action in Ukraine, right on NATO's doorstep. Now I've gone toe-to-toe with Russia and China, and many other different leaders around the world. So I know we have to be able to both stand our ground when we must, and find common ground when we can. That's how I could work with Russia to conclude the New START treaty to reduce nuclear stockpiles, and with China to increase pressure on North Korea. It's how our diplomats negotiated the landmark agreement on climate change, which Trump now wants to rip up.

Now fifth, we need a real plan for confronting terrorists. As we saw six months ago in San Bernardino, the threat is real and urgent. Over the past year, I've laid out my plans for defeating ISIS. We need to take out their strongholds in Iraq and Syria by intensifying the air campaign and stepping up our support for Arab and Kurdish forces on the ground. We need to keep pursuing diplomacy to end Syria's civil war and close Iraq's sectarian divide, because those conflicts are keeping ISIS alive. We need to lash up with our allies, and ensure our intelligence services are working hand-in-hand to dismantle the global network that supplies money, arms, propaganda and fighters to the terrorists. We need to win the battle in cyberspace.

stand our ground 우리의 입장을 고수하다 | **rip up** 파기하다 | **stronghold** 본거지, 요새 | **sectarian** 분파의

넷째, 우리는 우리의 경쟁국들에게 확고하지만 현명하게 대처해야 합니다. 러시아와 중국 같은 나라들은 종종 우리가 하는 일에 반대합니다. 중국 정부는 값싼 철을 우리 시장에 팔아치웁니다. 이로 인해 우리 근로자들이 피해를 보지요. 러시아 정부는 북대서양조약기구(NATO) 바로 문 앞에서 우크라이나에 대한 공격적인 군사행동을 취했습니다. 저는 러시아, 중국 그리고 전 세계 많은 나라들과 정면으로 맞서봤습니다. 그래서 저는 우리가 해야 할 때 입장을 고수할 수 있어야 하고, 우리가 할 수 있을 때 합의점을 찾을 수 있어야 함을 압니다. 그것이 제가 러시아와 일하면서 비축 핵무기를 줄이기 위한 새로운 전략무기감축협정을 맺고 중국과 일하면서 북한에 대한 압박을 강화한 방법입니다. 이것이 우리 외교관들이 협상을 통해서 획기적인 기후변화협약을 맺은 방법인데 트럼프는 지금 이걸 파기하고 싶어 하죠.

다섯째, 우리는 테러범들에 맞서기 위한 실질적인 계획이 필요합니다. 우리가 6개월 전 샌버너디노에서 본 대로 이 위협은 실재하며 긴급합니다. 지난 1년 동안 저는 ISIS를 물리치기 위한 제 계획을 세웠습니다. 우리는 공습을 강화하고 아랍과 현장의 쿠르드 군에 대한 지원을 강화함으로써 이라크와 시리아에 있는 그들의 본거지를 제거해야 합니다. 우리는 시리아의 내전을 끝내고 이라크의 종파 간 분열을 막기 위한 외교적 노력을 계속 추구해야 합니다. 왜냐하면 이러한 갈등이 ISIS를 계속 살아 있게 하기 때문입니다. 우리는 우리의 우방국들과 동맹해야 하고 우리의 정보기관들이 서로 협력하여 자금, 무기, 선전과 전투원들을 테러범들에게 공급하는 국제적 네트워크를 해체하게 해야 합니다. 우리는 사이버 공간에서의 전투에서 승리해야 합니다.

 07-04

Now sixth, we need to stay true to our values. Trump says over and over again, "The world is laughing at us." He's been saying this for decades, he didn't just start this year. He bought full-page ads in newspapers across America back in 1987, when Ronald Reagan was President, saying that America lacked a backbone and the world was – you guessed it – laughing at us. He was wrong then, and he's wrong now – and you've got to wonder why somebody who fundamentally has so little confidence in America, and has felt that way for at least 30 years, wants to be our President. The truth is, there's not a country in the world that can rival us. It's not just that we have the greatest military, or that our economy is larger, more durable, more entrepreneurial than any in the world. It's also that Americans work harder, dream bigger – and we never, ever stop trying to make our country and world a better place.

여섯째, 우리는 우리의 가치관에 충실해야 합니다. 트럼프는 "세계가 우리를 비웃고 있다"고 몇 번이고 이야기합니다. 그는 이걸 수십 년 동안 얘기해왔습니다. 이 말을 금년에 시작한 게 아니에요. 그는 로널드 레이건이 대통령이던 지난 87년 전국적으로 신문에 전면광고를 냈습니다. 광고에서 미국은 근성이 부족하고 세계는 – 추측하셨겠지만 – 우리를 비웃고 있다고 말한 바 있습니다. 그는 그때도 틀렸고 지금도 틀렸습니다. 그래서 여러분은 궁금해질 겁니다. 기본적으로 미국에 대한 믿음이 그렇게 없고 30년 이상 그런 식으로 생각해온 사람이 우리의 대통령이 되고 싶어 할까? 하고 말입니다. 실은 우리와 겨룰 수 있는 나라는 세계에 없습니다. 그건 우리가 최강의 군대를 갖고 있다거나 우리의 경제가 더 크고, 더 튼튼하며 세계 어느 나라보다도 더 기업가적이기 때문만이 아닙니다. 그건 또한 미국인들이 더 열심히 일하고 더 큰 꿈을 품고 있고, 우리나라와 세계를 더 나은 곳으로 만들기 위한 노력을 절대로 멈추지 않기 때문입니다.

AIPAC Speech

미국 이스라엘 공공정책 협의회 연설

2016년 3월 21일, 워싱턴 D.C.

민주당 대선후보인 힐러리 클린턴은 이날 미-이스라엘 관계에 대해 미국 정계에 큰 영향력을 행사하는 유대인들의 친 이스라엘 로비단체인 '미국ㆍ이스라엘 공공정책 협의회'에서 연설하였다. 이 단체는 유대인의 단결을 통해 미국의 친 이스라엘 정책을 유지, 확대하는 것을 목표로 하기 때문에 민주당 후보든 공화당 후보든 미 대선후보와 밀접한 관계를 유지하려고 노력하고 있다. 대선후보 역시 미ㆍ이스라엘 동맹 유지, 강화의 중요성을 감안해 필히 들러 연설하는 곳이다.

It is wonderful to be here and see so many friends. I've spoken at a lot of AIPAC conferences in the past, but this has to be one of the biggest yet, and there are so many young people here, thousands of college students from hundreds of campuses around the country. I think we should all give them a hand for being here and beginning their commitment to this important cause. You will keep the U.S.-Israel relationship going strong.

You know as a senator from New York and secretary of state, I've had the privilege of working closely with AIPAC members to strengthen and deepen America's ties with Israel. Now, we may not have always agreed on every detail, but we've always shared an unwavering, unshakable commitment to our alliance and to Israel's future as a secure and democratic homeland for the Jewish people. And your support helped us expand security and intelligence cooperation, developed the Iron Dome missile defense system, build a global coalition to impose the toughest sanctions in history on Iran and so much more.

이 자리에 와서 아주 많은 친구들을 만나게 되어 기쁩니다. 저는 과거에 AIPAC(미국·이스라엘 공공정책 협의회) 회의에서 여러 차례 연설했습니다만 오늘 이 회의는 최대 규모 중 하나일 겁니다. 이곳에 아주 많은 젊은이들, 전국 수백 개 대학에서 수천 명의 대학생들이 참가했네요. 저는 우리 모두 이곳에 참석해서 이 중요한 목표에 헌신하고자 하는 학생들을 도와야 한다고 생각합니다. 여러분은 미-이스라엘 관계를 강하게 지속시킬 겁니다.

아시겠지만 저는 뉴욕 주 상원의원과 국무장관으로서, 미국과 이스라엘 간의 유대관계를 강화하고 돈독하게 하기 위해 AIPAC 회원들과 긴밀하게 일할 수 있는 행운을 가졌습니다. 현재, 우리는 모든 세부 사항에 대해 항상 합의를 보지는 못할 수도 있지만, 늘 우리의 동맹에 대한 확고부동한 의지와 유대인들을 위한 안전하고 민주적인 고국으로서의 이스라엘의 미래에 대한 책임을 공유해왔습니다. 그리고 여러분의 지원은 우리가 안보와 정보 협력을 확대하고, 아이언 돔 미사일 방어 체계를 개발하고, 이란에 대한 역사상 가장 강력한 제재를 가하기 위한 국제적 연대를 구축하는 등에 도움이 되었습니다.

Since my first visit to Israel 35 years ago, I've returned many times and made many friends. I've worked with and learned from some of Israel's great leaders — although I don't think Yitzhak Rabin ever forgave me for banishing him to the White House balcony when he wanted to smoke. Now I am here as a candidate for president, and I know that all of you understand what's at stake in this election. Our next president will walk into the Oval Office next January and immediately face a world of both perils we must meet with strength and skill, and opportunities we must seize and build on.

The next president will sit down at that desk and start making decisions that will affect both the lives and livelihoods of every American, and the security of our friends around the world. So we have to get this right. As AIPAC members, you understand that while the turmoil of the Middle East presents enormous challenge and complexity, walking away is not an option. Candidates for president who think the United States can outsource Middle East security to dictators, or that America no longer has vital national interests at stake in this region are dangerously wrong. It would be a serious mistake for the United States to abandon our responsibilities, or cede the mantle of leadership for global peace and security to anyone else.

35년 전 저의 첫 이스라엘 방문 이후, 저는 여러 차례 다시 방문하여 많은 친구들을 만들었습니다. 저는 몇몇 이스라엘 지도자들과 일을 해왔고 그분들로부터 배웠습니다 – 이츠하크 라빈이 담배를 피우고 싶어 했을 때, 백악관 발코니로 쫓아낸 저를 용서해줬다고 생각하지는 않지만요. 지금 저는 대선후보로 이곳에 왔고 저는 여러분 모두 이번 선거에서 무엇이 위급한지 이해하고 있다는 것을 압니다. 우리의 차기 대통령은 내년 1월 백악관 집무실에 걸어 들어가게 되면 두 가지를 직면하게 됩니다 – 힘과 기술로 대처해야 하는 위험한 세계와 우리가 포착해서 발판으로 삼아야 하는 기회들이 있는 세계를 말하는 겁니다.

차기 대통령은 그 책상에 앉아 모든 미국 시민의 삶과 생계에 영향을 미치고 전 세계에 있는 우리 우방들의 안보에 영향을 미치는 결정을 내리기 시작할 것입니다. 그래서 우리는 이 일을 제대로 해야 합니다. AIPAC 회원들인 여러분은 중동의 혼란이 엄청난 도전과 복잡함을 야기하지만 빠져나오는 것이 선택안이 아님을 알고 계십니다. 미국이 중동 안보를 독재자들에게 위탁할 수 있다거나 미국은 더 이상 이 지역에 중대한 국가의 이익이 걸려 있지 않다고 생각하는 대통령 후보들은 위험할 정도로 판단 착오를 일으키는 사람입니다. 미국이 우리의 책임을 회피하거나 세계 평화와 안보를 위한 리더십의 역할을 다른 이에게 넘기는 것은 심각한 실수가 될 것입니다.

mantle 역할, 책임

 08-03

To all the college students who may have encountered this on campus, I hope you stay strong. Keep speaking out. Don't let anyone silence you, bully you or try to shut down debate, especially in places of learning like colleges and universities. Anti-Semitism has no place in any civilized society, not in America, not in Europe, not anywhere.

On Wednesday evening, Jews around the world will celebrate the Festival of Purim, and children will learn the story of Esther, who refused to stay silent in the face of evil. It wasn't easy. She had a good life. And by speaking out, she risked everything. But as Mordecai reminded her, we all have an obligation to do our part when danger gathers. And those of us with power or influence have a special responsibility to do what's right. As Elie Wiesel said when accepting the Nobel Peace Prize, "Neutrality helps the oppressor, never the victim. Silence encourages the tormentor, never the tormented."

이 회의를 캠퍼스에서 접했을지도 모르는 모든 대학생들에게 전합니다. 저는 여러분이 강하게 지내시길 바랍니다. 계속해서 생각을 표출하세요. 어느 누구도 여러분을 침묵시키고 괴롭히거나 토론을 종료하게 하지 마세요, 특히 대학과 같은 배움의 장소에서는 말이죠. 반유대주의는 어느 문명사회에서도, 미국에서, 유럽에서, 어느 곳에서도 용납될 수 없습니다.

수요일 저녁, 전 세계 유대인들은 부림절 축제를 축하하고 아이들은 에스더 이야기를 배우게 됩니다. 이분은 악에 맞서 침묵을 거부했습니다. 쉽지 않은 일이었어요. 그녀는 훌륭한 삶을 살았어요. 자신의 주장을 밝히면서 모든 위험을 무릅썼죠. 하지만 모르드개가 그녀에게 일깨워줬듯이, 우리 모두 위험이 커질 때 우리의 본분을 다해야 할 의무를 갖고 있고 힘과 영향력이 있는 우리들에겐 옳은 일을 해야 하는 특별한 책임이 있습니다. 엘리 비젤은 노벨 평화상을 수상하면서 이렇게 말했습니다. "중립은 억압자를 도와주지 희생자는 절대로 도와주지 않습니다. 침묵은 괴롭히는 자를 고무시키지 괴롭힘을 당하는 자들을 절대로 고무시키지 않습니다."

 08-04

So, my friends, let us never be neutral or silent in the face of bigotry. Together let's defend the shared values that already make America and Israel great. Let us do the hard work necessary to keep building our friendship and reach out to the next generation of Americans and Israelis so the bonds between our nations grow even deeper and stronger. We are stronger together, and if we face the future side by side, I know for both Israel and America, our best days are still ahead.

Thank you so much.

defend 방어하다 | **bond** 유대

그러니까, 친구들이여, 편협한 행위에 절대로 중립을 지키거나 침묵하지 맙시다. 우리 함께 미국과 이스라엘을 이미 위대하게 만드는 공유된 가치관을 지킵시다. 우리의 우정을 계속 쌓아 차세대 미국인들과 이스라엘인들에게 뻗치는 데 필요한 노력을 해서 양국 간 유대가 더욱 돈독해지고 강화되게 합시다. 우리는 힘을 합칠 때 더 강해집니다. 우리가 밀접한 관계 속에 미래를 마주한다면, 이스라엘과 미국 양국의 앞날은 창창하다는 것을 저는 알고 있습니다.

대단히 감사합니다.

Speech on fighting ISIS

이슬람국가의 테러 대응 전략

2015년 11월 19일, 뉴욕 미국 외교협회

최근 몇 년간 이슬람국가의 테러 공격이 빈번하자 힐러리 클린턴은 국제 관계와 외교 정책에 대한 국제적인 이해를 증진시키기 위해 설립한 독자적인 두뇌 집단인 '미국 외교협회'에서의 연설을 통해 의회가 ISIS에 대한 새로운 군사 행동을 승인해줄 것을 촉구했다.

Let me start with the campaign to defeat ISIS across the region. The United States and our international coalition has been conducting this fight for more than a year. It's time to begin a new phase and intensify and broaden our efforts to smash the would-be caliphate and deny ISIS control of territory in Iraq and Syria. That starts with a more effective coalition air campaign, with more allied planes, more strikes and a broader target set.

A key obstacle standing in the way is a shortage of good intelligence about ISIS and its operations, so we need an immediate intelligence surge in the region, including technical assets, Arabic speakers with deep expertise in the Middle East and even closer partnership with regional intelligence services. Our goal should be to achieve the kind of penetration we accomplished with Al Qaida in the past. This would help us identify and eliminate ISIS' command and control and its economic lifelines.

phase 단계 | **caliphate** 칼리프 지위, 칼리프 왕조, 칼리프가 다스리는 지역 | **surge** 밀려들다, 급증하다 | **penetration** 침투

지역 전역의 ISIS를 격퇴하기 위한 작전부터 시작하겠습니다. 미국과 우리의 국제 연합군은 1년 이상 이 전투를 수행해왔습니다. 새로운 단계를 시작하고 자칭 칼리프조를 분쇄하며 이라크와 시리아에서 ISIS가 영토를 장악하지 못하게 하려는 우리의 노력을 강화하고 확대할 때입니다. 이것은 더 효과적인 연합군의 공습, 더 많은 연합군의 전투기, 더 많은 공격 및 더 광범위한 목표물들로부터 시작됩니다.

여기서 주요 장애물은 ISIS와 그들의 작전에 대한 유용한 정보가 부족하다는 겁니다. 그래서 우리는 이 지역에서 즉각적인 정보의 급증이 필요한데 여기에는 기술적 자산, 중동에 대한 깊이 있는 전문지식을 가진 아랍어 사용자들과 지역 정보기관들과의 더 긴밀한 제휴가 포함됩니다. 우리의 목표는 과거 알 카에다와 관련해서 우리가 달성했던 것과 같은 침투를 해내는 것이어야 합니다. 이것은 우리가 ISIS의 지휘와 통제 그리고 ISIS의 경제적 생명줄을 확인해서 제거하는 데 도움이 될 것입니다.

 09-02

A more effective coalition air campaign is necessary, but not sufficient, and we should be honest about the fact that to be successful, airstrikes will have to be combined with ground forces actually taking back more territory from ISIS. Like President Obama, I do not believe that we should again have 100,000 American troops in combat in the Middle East. That is just not the smart move to make here. If we've learned anything from 15 years of war in Iraq and Afghanistan, it's that local people and nations have to secure their own communities. We can help them, and we should, but we cannot substitute for them. But we can and should support local and regional ground forces in carrying out this mission.

Since Paris, no homeland security challenge is being more hotly debated than how to handle Syrian refugees seeking safety in the United States. Our highest priority, of course, must always be protecting the American people. So yes, we do need to be vigilant in screening and vetting any refugees from Syria, guided by the best judgment of our security professionals, in close coordination with our allies and partners.

보다 효과적인 연합군의 공습이 필요하지만 그것만으로는 충분하지 않습니다. 그리고 우리가 성공하기 위해서는 공습이 ISIS로부터 실질적으로 더 많은 영토를 되찾아오는 지상군과 결합되어야 할 것이라는 사실에 대해 솔직해져야 합니다. 오바마 대통령과 마찬가지로 저는 우리가 또다시 100,000명의 미군을 전투 병력으로 중동에 주둔시켜야 한다고 생각하지 않습니다. 그건 이곳에서 내려야 할 현명한 조치가 아니에요. 우리가 이라크와 아프카니스탄에서의 15년 전쟁에서 뭔가를 배운 게 있다면 그건 그 지역 사람들과 국가들이 그들의 지역사회를 지켜야 한다는 겁니다. 우리는 그들을 도와줄 수 있고 도와줘야 합니다만 우리가 그들을 대신할 수는 없습니다. 하지만 우리는 이 임무를 수행하는 현지 지역 지상군을 지원할 수 있고 지원해야 합니다.

파리사태 이후, 어떤 국토안보문제도 미국에서 피난하는 시리아 난민들을 처리하는 방법보다 더 격렬하게 논의되고 있지는 않습니다. 물론, 우리의 최우선순위는 언제나 우리 국민을 보호하는 것이어야 합니다. 그래요. 우리는 우리의 안보 전문가들이 내린 최상의 판정에 따르고, 우리의 우방 및 파트너들과 세심하게 조율해가면서 시리아에서 들어오는 어떠한 난민도 조심해서 심사하고 검사해야 합니다.

And Congress need to make sure the necessary resources are provided for comprehensive background checks, drawing on the best intelligence we can get. And we should be taking a close look at the safeguards in the visa programs as well, but we cannot allow terrorists to intimidate us into abandoning our values and our humanitarian obligations. Turning away orphans, applying a religious test, discriminating against Muslims, slamming the door on every Syrian refugee, that is just not who we are. We are better than that.

And remember, many of these refugees are fleeing the same terrorists who threaten us. It would be a cruel irony indeed if ISIS can force families from their homes and then also prevent them from ever finding new ones. We should be doing more to ease this humanitarian crisis, not less. We should lead the international community in organizing a donor conference and supporting countries like Jordan who are sheltering the majority of refugees fleeing Syria.

의회는 포괄적인 신원 조사를 위해 필요한 재원이 제공되어 우리가 얻을 수 있는 최고의 정보를 이용할 수 있게 해야 합니다. 그리고 우리는 비자 프로그램의 보호 조치도 자세히 살펴봐야 합니다. 하지만 우리는 테러리스트들이 우리를 위협해서 우리의 가치관과 우리의 인도적 의무를 포기하게 해서는 안 됩니다. 고아를 되돌려 보내고, 종교에 따라 (거부 여부를) 판단하고, 이슬람교도들을 차별하고 모든 시리아 난민들을 문을 닫고 받아들이지 않을 때, 그건 우리가 아닙니다. 우리는 이보다는 더 나은 국민입니다.

기억하십시오, 이 난민들 중 상당수는 우리를 위협하는 동일한 테러범들을 피해 떠나고 있다는 사실을 말입니다. ISIS가 가족들을 자신들의 집에서 떠나게 하면서 또한 그 가족들이 새로운 집을 구하지 못하게 할 수 있다면 그건 실로 잔인한 아이러니일 것입니다. 우리는 이 인도적 위기를 완화하기 위해 더 많은 일을 하고 있어야 합니다. 우리는 기부자 회의를 주최하고 시리아를 떠나는 대다수의 난민들을 보호하고 있는 요르단 같은 나라들을 지원하는 등의 부분에서 국제 사회를 이끌어야 합니다.

And we can get this right. America's open, free, tolerant society is described by some as a vulnerability in the struggle against terrorism, but I actually believe it's one of our strengths. It reduces the appeal of radicalism and enhances the richness and resilience of our communities. This is not a time for scoring political points.

When New York was attacked on 9/11, we had a Republican president, a Republican governor and a Republican mayor, and I worked with all of them. We pulled together and put partisanship aside to rebuild our city and protect our country. This is a time for American leadership. No other country can rally the world to defeat ISIS and win the generational struggle against radical jihadism. Only the United States can mobilize common action on a global scale, and that's exactly what we need. The entire world must be part of this fight, but we must lead it.

그리고 우리는 이걸 바로잡을 수 있습니다. 미국의 열려 있고 자유로우며 관용적인 사회를 테러와의 싸움에서 약점이라고 말하는 사람들도 있습니다만, 저는 사실 그걸 우리의 강점이라고 생각합니다. 그것은 급진주의의 매력을 줄이면서 우리 사회의 풍요로움과 회복력을 강화시켜줍니다. 지금은 정치적인 점수나 따려고 할 때가 아닙니다.

뉴욕이 9월 11일 공격당했을 때 우리의 대통령, 주지사, 시장은 공화당 소속이었지만 저는 이분들과 함께 일했습니다. 우리는 함께 뭉쳐 우리의 도시를 재건하고 우리나라를 보호하기 위해 당파심을 제쳐두었습니다. 지금은 미국의 리더십을 보여야 할 때입니다. 세계 어떤 나라도 ISIS를 격퇴하고 급진 이슬람원리주의 무장 투쟁 운동과의 오랜 싸움에서 승리하기 위해 세계를 결집시킬 수 없습니다. 미국만이 전 세계적인 규모로 모든 국가의 행동을 집결시킬 수 있는데 그게 바로 우리가 필요로 하는 것입니다. 전 세계가 이 싸움에 관여해야 하지만 우리가 전 세계를 이끌어야 합니다.

There's been a lot of talk lately about coalitions. Everyone seems to want one, but there's not nearly as much talk about what it actually takes to make a coalition work in the heat and pressure of an international crisis. I know how hard this is because we've done it before. To impose the toughest sanctions in history on Iran, to stop a dictator from slaughtering his people in Libya, to support a fledgling democracy in Afghanistan, we have to use every pillar of American power — military and diplomacy, development and economic and cultural influence, technology and maybe most importantly our values. That is smart power.

We have to work with institutions and partners like NATO, the E.U., the Arab League and the U.N., strengthen our alliances and never get tired of old-fashioned shoe leather diplomacy, and if necessary be prepared to act decisively on our own, just as we did it to bring Osama bin Laden to justice.

slaughter 살해하다 | **fledgling democracy** 걸음마 단계의 민주주의 | **bring ~ to justice** 사법처리하다, 정의의 심판을 받게 하다

최근 연합에 대한 얘기가 많이 오가고 있습니다. 모두가 연합의 일부가 되고 싶어 하는 것 같습니다만 국제적 위기의 압박을 받으면서 연합이 성공하는 데 실제로 필요한 조건에 대한 많은 논의만큼은 아닙니다. 저는 전에 해봤기 때문에 이 일이 얼마나 힘든지 알아요. 이란에 대해 역사상 가장 강력한 제제를 가하기 위해, 한 독재자의 리비아 국민들에 대한 학살을 중단시키기 위해, 아프가니스탄의 신생 민주국가를 지원하기 위해, 우리는 미국의 모든 힘을 다 사용해야 합니다 — 군, 외교, 개발, 경제적, 문화적 영향력, 기술적인 면에서 말입니다. 그런데 가장 중요한 건 우리의 가치일 겁니다. 그게 스마트파워입니다.

우리는 북대서양조약기구, 유럽연합, 아랍연맹 그리고 UN과 같은 기구나 파트너들과 협력하고 우리의 동맹을 강화하며, 집집마다 찾아다니며 대화를 나누는 구식 외교에 싫증내서는 안 됩니다. 그리고 필요하면 우리가 오사마 빈 라덴을 정의의 심판대에 세우기 위해 그랬던 것처럼 우리 단독으로 단호하게 행동할 준비가 되어 있어야 합니다.

Remarks on the economy

경제 관련 연설

2015년 7월 24일, 뉴욕 대학교

경제를 주제로 미국의 명문 대학인 뉴욕대에서 지지자들에게 연설한 내용이다. 국무 장관 재직 시 이메일 사용 관련 부적절한 행동으로 자주 구설수에 오르자 경제 연설을 시작하기 전 이 이메일 문제와 관련한 수사 당국의 수사를 촉구하면서 자신의 결백을 강조했다.

 10-01

Thank you. Thank you. Hi. Hi. Thank you all very much. Thank you. Thank you. Thank you. Thank you very, very much. I want to tell you it's wonderful being back here at NYU and I thank you all for joining me today. Especially my good friend and former colleague, Congresswoman Carolyn Maloney. Thank you so much Carolyn for coming. I am grateful for this opportunity to share some of my further thoughts about our economy and the work that our country needs to do in the years ahead.

First I want to say a word about what's in the news today. It's because there have been a lot of inaccuracies, as Congressman Cummings made clear this morning. Maybe the heat is getting to everybody. We all have a responsibility to get this right. I have released 55,000 pages of emails. I have said repeatedly that I will answer questions before the House committee. We are all accountable to the American people to get the facts right and I will do my part. But I'm also going to stay focused on the issues, particularly the big issues that really matter to American families.

감사합니다. 감사합니다. 안녕하세요. 안녕하세요. 여러분 모두 대단히 감사합니다. 감사합니다. 감사합니다. 감사합니다. 정말 고맙습니다. 다시 뉴욕대에 오게 되어 기쁘다는 것을 말씀드리고 싶고 오늘 저와 함께해주신 모든 분께 감사드립니다. 특별히 저의 절친한 친구이자 전 동료인 캐롤린 맬로니 하원의원에게 감사의 말을 전합니다. 캐롤린 여기 와줘서 너무 고마워요. 저는 우리 경제와 우리나라가 앞으로 해야 할 일에 대해 제가 좀 더 생각한 것을 전할 수 있는 이 기회를 갖게 된 것에 감사드립니다.

먼저, 오늘 뉴스에서 얘기되고 있는 것에 대해 한마디 하고자 합니다. 커밍스 의원이 오늘 아침 분명히 한 바와 같이 부정확한 정보가 많았기 때문입니다. 아마 모든 사람이 스트레스를 받고 있을 거예요. 우리 모두 이 문제를 바로잡아야 할 책임이 있습니다. 저는 55,000쪽에 달하는 이메일을 공개했고 하원위원회에서 질의에 답변하겠다고 거듭 밝혔습니다. 우리 모두 국민들에게 사실을 정확하게 설명할 책임이 있고 저는 제 할 일을 하겠습니다. 하지만 저는 또한 문제들에 대해, 특히 미국 가정에 정말로 중요한 중대한 문제들에 대해 계속 초점을 맞출 것입니다.

Over the past few months, I've had the pleasure of meeting young people all over our country. Many came of age in the wake of the 2008 financial crisis and the deep recession that it caused. The fallout from that crash has tempered their expectations for the future and left them clear-eyed about the challenges ahead – the challenges they face and that America faces.

Yet, like generations of Americans before them, there is also undimmed optimism. Today's young people are preparing to enter an economy they know will be competitive, not just at home but globally. They're thinking about how they'll find a good job after graduation that can help them get ahead and stay ahead. The risk of a setback, or, potentially, another crisis, is never far from their minds. But what inspires me is that they are undaunted by these challenges. They're seeking real opportunities and real rewards for the work that they put in. And they're hopeful that tomorrow will indeed be better than today.

저는 지난 몇 달 동안 전국에서 젊은이들을 만나는 기쁨을 누렸습니다. 많은 사람들이 2008년 금융위기와 그 위기가 초래한 극심한 불황 이후 성년이 되었습니다. 그 추락의 여파로 젊은이들이 미래에 대한 기대를 낮췄고 앞에 놓여 있는 도전들 – 자신들과 미국이 직면한 도전들을 분명히 이해하게 했습니다.

그러나, 과거 수 세대의 미국인들과 같이 낙관론도 분명히 있습니다. 오늘의 젊은이들은 국내뿐만 아니라 국제적으로도 경쟁이 치열할 것이라고 그들이 알고 있는 경제 사회에 들어가기 위해 준비하고 있습니다. 그들은 어떻게 하면 졸업 후 자신들이 성공하고 계속 성공한 상태로 남아 있게 해줄 수 있는 좋은 직장을 구할까 생각 중입니다. 좌절의 위험 또는 잠재적으로 또 다른 위기감은 결코 그들의 마음속에서 떠나질 않습니다. 하지만 저를 고무시키는 것은 그들은 이러한 도전들에 겁먹지 않고 있다는 겁니다. 그들은 노력한 일에 대한 진정한 기회와 진정한 보상을 원하고 있습니다. 그리고 그들은 실로 내일은 오늘보다 더 나을 것이라고 기대하고 있습니다.

 10-03

I hear these stories everywhere I go. The hard work, grit, and sacrifices of people across our country that have brought us back and driven our recovery. So yes, now we're standing again, but we're not yet running the way America should. No country is better positioned to thrive in today's global economy than we are. We have the most innovative, enterprising private sector and most talented workers anywhere in the world. Yet while corporate profits are at near-record highs, paychecks for most people have barely budged in real terms. And out-of-pocket costs of everything from health care to prescription drugs to childcare, to college, to caring for aging parents are all rising a lot faster than wages. That then is putting a lot of pressure, enormous pressure on families and their budgets.

My mission from my first day as President to the last will be to raise the incomes of hard-working Americans — so they can, once again, afford a middle-class life. We need to end the wage stagnation that's holding back our families and holding back our country.

저는 어디를 가든 이 얘기를 듣습니다. 우리나라 국민들의 노력, 기개와 희생이 우리를 되돌려 회복시켰습니다. 그래요, 지금 우리는 다시 일어섰습니다만, 더 나아져야 합니다. 오늘의 세계 경제에서 어느 나라도 우리보다 성공하기에 더 나은 위치에 있지 않습니다. 우리에게는 전 세계 어디에서나 가장 혁신적이고 진취적인 민간부문과 매우 뛰어난 인재들이 있습니다. 그러나 기업의 이윤은 거의 기록적으로 높았지만 사람들 대다수의 급여는 실질적으로는 거의 꼼짝도 하지 않았습니다. 그리고 의료에서부터 처방약, 육아, 대학 등록금, 노부모 부양에 이르는 현금 지불 경비들은 모두 다 임금보다 훨씬 빠른 속도로 오르고 있어 이것이 미국 가정들과 그들의 예산에 많은 압박, 엄청난 압박을 주고 있습니다.

대통령으로 취임하는 첫날부터 임기 마지막 날까지 제 임무는 열심히 일하는 미국 국민들의 소득을 올리는 것입니다 – 그들이 다시 한 번 중산층 생활을 할 수 있도록 말입니다. 우리는 우리 가정과 우리나라의 발전을 가로막고 있는 임금 정체를 끝내야 합니다.

hold back 저지하다, 제지하다, 가로막다

 10-04

This is the defining economic challenge not only of this election, but of our time. It gets to the core of who we are as a nation – the basic bargain of America: If you work hard and do your part, you should be able to get ahead and stay ahead. And when you get ahead, our country gets ahead too. Last week at the New School, I laid out a broad economic agenda to raise incomes and build an economy that works for everyone, not just those already at the top. It's an agenda for strong growth, fair growth, and long-term growth. In the days ahead, I will continue outlining plans in all these areas, from setting ambitious goals for new infrastructure and clean energy investments, to reining in excessive risk on Wall Street.

get ahead 성공하다, 출세하다 | **New School** 뉴욕에 있는 사립대학교 | **rein** 고삐를 죄다, 억제하다

이것은 이번 선거뿐만이 아니라 우리 시대의 가장 중대한 경제적 도전입니다. 이것은 국가로서의 우리가 누군지에 관한 것으로서 – 미국의 기본 거래입니다: 즉, 여러분이 열심히 일하면서 자신의 역할을 한다면, 여러분은 성공할 수 있으며 계속해서 성공한 상태로 남아 있을 수 있어야 한다는 거죠. 그리고 여러분이 성공할 때, 우리나라 역시 성공합니다. 저는 지난주 뉴 스쿨에서 소득을 높이고 이미 상위계층뿐 아니라 모든 사람에게 효과가 있는 경제를 구축하기 위한 광범위한 경제 정책을 제시했습니다. 그것의 목적은 강한 성장, 공평한 성장, 그리고 장기적인 성장입니다. 앞으로 저는 새로운 기간시설과 청정에너지 투자를 위한 야심찬 목표 설정에서부터 월가의 지나친 위험을 통제하는 것에 이르기까지 이 모든 분야에서 계획의 윤곽을 잡아나갈 것입니다.

So I ask you, and particularly here at Stern – the students and the faculty and others who are studying business – help us think through the best ways to change the culture, to move it back to where it used to be, which was much more focused on long-term investing, with the results of the extraordinary prosperity that we enjoyed for decades.

We have new challenges from technology and globalization and other big problems on the horizon – like climate change, for example – but that is what we are best at doing in this country. We are problem solvers, not problem deniers. We roll up our sleeves, we get to work, and we keep moving forward. It is always all about tomorrow.

Stern 뉴욕 대학교의 경영대학, 대학원 | **on the horizon** 일어날 것 같은

그래서 여러분에게, 특히 여기 스턴의 학생들, 교수진과 경영학을 공부하는 분들에게 우리가 문화를 바꿔 과거의 문화로 되돌릴 수 있는 최선책을 충분히 생각할 수 있도록 도와달라고 부탁드리는 바입니다. 이 문화는 장기투자에 훨씬 더 중점을 두어 우리가 수십 년간 누렸던 엄청난 번영이라는 결과를 낳았습니다.

기술, 세계화 그리고 기타 중대한 문제들에서 생기는 새로운 도전들이 우리에게 나타날 듯합니다 – 예를 들면, 기후 변화 같은 거죠 – 하지만 그건 이 나라에서 우리가 가장 잘하는 분야입니다. 우리는 문제를 해결하는 사람이지 문제를 부정하는 사람들이 아닙니다. 우리는 소매를 걷어붙여 일에 착수하고 계속 전진해나갑니다. 항상 미래를 생각하는 것이 중요합니다.

Speech on Expanding Voting Rights

투표권 확대에 관한 연설

2015년 6월 4일, 텍사스 서던 대학교

텍사스 서던 대학교는 역사적으로 흑인을 위한 대학이었다. 이곳에서 힐러리 클린턴이 행한 연설의 요지는 투표방식을 개선하고, 18세가 되면 자동으로 유권자 등록이 되게 하고, 복역을 마친 중범죄자들에게 투표권을 다시 주고, 사전 선거를 연장하자는 것이다. 투표권 확대를 위해 오랫동안 투쟁해온 클린턴은 이날 투표권을 제한하려는 일부 공화당 인사들을 공개적으로 비난한다.

This is the greatest, longest-lasting democracy in the history of the world; we should be clearing the way for more people to vote, not putting up every roadblock anyone can imagine. Yet unfortunately today, there are people who offer themselves to be leaders whose actions have undercut this fundamental American principle.

Here in Texas, former Governor Rick Perry signed a law that a federal court said was actually written with the purpose of discriminating against minority voters. He applauded when the Voting Rights Act was gutted and said the lost protections were "outdated and unnecessary." But Governor Perry is hardly alone in his crusade against voting rights. In Wisconsin, Governor Scott Walker cut back early voting and signed legislation that would make it harder for college students to vote.

In New Jersey, Governor Christie vetoed legislation to extend early voting. And in Florida, when Jeb Bush was governor, state authorities conducted a deeply flawed purge of voters before the presidential election in 2000. Thankfully, in 2004 a plan to purge even more voters was headed off.

이것은 세계 역사에서 가장 위대하고 가장 오래 지속된 민주주의입니다. 우리는 누구나 상상할 수 있는 모든 장애물을 제거하여 더 많은 사람들이 투표할 수 있도록 길을 터놔야 합니다. 하지만 불행히도 오늘날 지도자임을 자청하는 사람들의 행위는 이러한 근본적인 미국의 원칙을 위반했습니다.

여기 텍사스에서 릭 페리 전 주지사는 연방 법원이 사실상 소수 유권자들을 차별대우할 목적으로 제정된 것이라고 말한 한 법안에 서명했습니다. 그는 투표권 법안이 제거되었을 때 박수를 보내면서 없어진 보호는 '구식이고 불필요한' 것이었다고 말했습니다. 하지만 투표권 운동에 반대하는 사람은 페리 지사 혼자만이 아닙니다. 위스콘신에서는 스콧 워커 지사가 사전 투표를 줄여 대학생들의 투표를 더 어렵게 할 입법안에 서명했습니다.

뉴저지에서 크리스티 지사는 사전 투표를 연장하는 법안에 거부권을 행사했고, 플로리다에서 젭 부시가 주지사로 재직할 당시, 주 당국은 2000년 대선 전, 심각한 결함이 있다며 유권자들을 투표자 명단에서 제거하기도 했습니다. 고맙게도 2004년 훨씬 더 많은 유권자들을 제거하려던 계획은 저지되었습니다.

 11-02

So today, Republicans are systematically and deliberately trying to stop millions of American citizens from voting. What part of democracy are they afraid of? I believe every citizen has the right to vote. And I believe we should do everything we can to make it easier for every citizen to vote.

When I traveled around the world as your secretary of state, one of the most frequent questions I was asked was: How could you and President Obama work together after you fought so hard in that campaign? People were genuinely amazed, which I suppose is understandable, considering that in many places, when you lose an election or you oppose somebody who wins, you could get imprisoned or exiled — even killed — not asked to be as secretary of state. And it's true, I was surprised when the president asked me to serve. But he made that offer, and I accepted it, for the same reason we both love our country. So, my friends, here at this historic institution, just let us remember America was built by people who knew that our common interest was more important than our self-interest. They were fearless in pursuit of a stronger, freer, and fairer nation.

그래서 오늘날 공화당원들은 조직적, 고의적으로 수백만 미국 시민들의 투표를 막으려고 하고 있습니다. 그들은 민주주의의 어떤 부분을 두려워하는 걸까요? 저는 모든 시민에게 투표권이 있다고 생각합니다. 그리고 저는 우리는 모든 시민의 투표가 더 용이해지도록 우리가 할 수 있는 모든 것을 다해야 한다고 믿습니다.

제가 국무장관으로 세계를 여행했을 때, 가장 빈번하게 받았던 질문들 중 하나는 "당신과 오바마 대통령은 지난 대선에서 그렇게 치열하게 싸웠는데 어떻게 함께 일할 수 있습니까?"였습니다. 사람들은 정말 놀랐는데, 많은 곳에서 선거에서 패배하거나 싸우던 상대가 승리하게 되면, 감옥에 가거나 추방될 수 있고 심지어 죽음을 당하기도 하면서 - 국무장관 제의는 청탁은 받지 않게 된다는 것을 고려해볼 때 그들이 놀라는 것은 이해할 만합니다. 사실 저도 대통령이 국무장관직을 제의했을 때 놀랐습니다. 하지만 그분은 그러한 제의를 했고 저는 그걸 수용했습니다. 우리 둘 다 우리나라를 사랑하기 때문입니다. 그러니까 여기 이 역사적인 학교에 나와 있는 제 친구들이여, 미국은 우리의 공통의 이익이 우리의 사익보다 더 중요하다는 것을 아는 사람들에 의해 건설되었다는 사실을 기억합시다. 그들은 두려움 없이 더 강하고, 더 자유롭고, 더 공평한 나라를 추구했습니다.

 11-03

As Barbara Jordan famously reminded us, when the Constitution was first written, it left most of us here out. But generations of Americans fought and marched and organized and prayed to expand the circle of freedom and opportunity. They never gave up and never backed down. And nearly a century ago on this very day, after years of struggle, Congress finally passed the 19th Amendment to give women the right to vote in the United States. So that is, that is the story of progress, courageous men and women, expanding rights, not restricting them.

And today we refuse, we refuse to allow our country and this generation of leaders to slow or reverse America's long march toward a more perfect union. We owe it to our children and our grandchildren to fight just as hard as those who came before us. To march just as far. To organize just as well. To speak out just as loudly. And to vote every chance we get for the kind of future we want. That's what Barbara Jordan would do. That's what we should do in honor of her.

Thank you, and may God bless you.

march 행진하다 | **courageous** 용감한

바바라 조던이 유명하게 상기시킨 바와 같이, 헌법이 처음 만들어졌을 때, 우리 대부분에게는 권리가 없었습니다. 하지만 미국인들은 수 세대에 걸쳐 싸우고, 행진하고, 조직을 만들고, 자유와 기회의 범위를 확대하기 위해 기도했습니다. 그들은 절대로 포기하지도 않았고 물러서지도 않았습니다. 그리고 근 1세기 전 바로 이날, 수년간의 노력 끝에 의회는 드디어 미국에서 여성들에게 투표권을 주는 미국수정헌법 제19조를 통과시켰습니다. 그러니까 이게 바로 발전의 이야기입니다. 용기 있는 남녀들이 권리를 제한하는 것이 아니라 권리를 확대시켰다는 이야기 말입니다.

그리고 오늘 우리는 거부합니다. 우리는 우리나라와 이 지도자 세대가 보다 완벽한 연합을 향한 미국의 긴 행진을 지연시키거나 후진시키게 하는 것을 거부합니다. 우리는 우리 자녀들과 우리 손자, 손녀들을 위해 우리 선조들만큼 열심히 싸울 의무가 있습니다. 그만큼 멀리 행진하고, 그만큼 잘 조직하고, 그만큼 큰 소리로 분명히 말하고 우리가 원하는 그러한 종류의 미래를 위해 우리에게 기회가 있을 때마다 투표할 의무가 있습니다. 이건 바바라 조던의 뜻입니다. 이건 그녀를 기려 우리가 해야 하는 일입니다.

감사합니다, 하느님의 축복이 있기를……

Remarks on Criminal Justice and Mass Incarceration

형사사법과 대량 수감에 관한 연설

2015년 4월 29일, 컬럼비아 대학교

이날 기조연설에서 클린턴은 형사사법제도 개혁에 관한 광범위한 자신의 비전을 제시하고 대량 수감 시대의 종식을 촉구했다. 이 연설이 있었던 데이비드 N. 딘킨스 포럼은 지난 20년 동안 교육, 환경, 노동, 관광, 이민과 재정 위기 등을 포함하는 많은 난제들을 다뤄온 곳이다.

 12-01

Thank you. Thank you so much. I am absolutely delighted to be back here at Columbia. I want to thank President Bollinger, and Dean Janow, and everyone at the School of International and Public Affairs. It is a special treat to be here with and on behalf of a great leader of this city and our country, David Dinkins. He has made such an indelible impact on New York, and I had the great privilege of working with him as first lady and then, of course, as a new senator.

When I was just starting out as a senator, David's door was always open. He and his wonderful wife Joyce were great friends and supporters and good sounding boards about ideas that we wanted to consider to enhance the quality of life and the opportunities for the people of this city. I was pleased to address the Dinkins Leadership and Public Policy Forum in my first year as a senator, and I so appreciated then, as I have in all of the years since, David's generosity with his time and, most of all, his wisdom. So, 14 years later, I'm honored to have this chance, once again, to help celebrate the legacy of one of New York's greatest public servants.

감사합니다. 대단히 감사합니다. 여기 콜럼비아 대학에 다시 오게 되어 정말 기뻐요. 저는 볼린저 총장, 재노 학장과 국제 공무 대학원의 모든 분께 감사드리고 싶습니다. 이 도시와 우리나라의 위대한 지도자이신 데이비드 딘킨스와 함께하고 그분을 대신 하게 된 것은 큰 기쁨입니다. 그분은 뉴욕에 잊을 수 없는 엄청난 영향을 미쳤고 저는 영부인으로서, 다음에는 물론 신임 상원의원으로서, 그분과 함께 일할 수 있는 영광 을 누렸습니다.

제가 상원의원 활동을 시작했을 때, 데이비드의 문은 항상 열려 있었습니다. 데이비 드와 그의 멋진 아내 조이스는 좋은 친구들이자 지지자들이었으며, 이 도시 시민들의 삶의 질을 높이고 기회를 증대시키기 위해 우리가 고려하고자 한 아이디어들을 기꺼 이 경청했던 분들이었습니다. 저는 상원의원 첫해에 '딘킨스 리더십 및 공공정책 포 럼'에서 연설하게 되어 기뻤습니다. 저는 그때 데이비드가 관대하게 시간을 내준 데 대해서, 무엇보다도 그분의 지혜에 대해서 정말 감사했고 그 이후에도 감사해왔습니 다. 그래서 14년 후에 제가 뉴욕에서 가장 위대한 공무원 중 한 분의 유산을 축하할 수 있는 이 기회를 다시 한 번 갖게 되어 영광입니다.

public servant 공무원

 12-02

What we've seen in Baltimore should, indeed I think does, tear at our soul. And, from Ferguson to Staten Island to Baltimore, the patterns have become unmistakable and undeniable. Walter Scott shot in the back in Charleston, South Carolina. Unarmed. In debt. Terrified of spending more time in jail for child support payments he couldn't afford. Tamir Rice shot in a park in Cleveland, Ohio. Unarmed and just 12 years old. Eric Garner choked to death after being stopped for selling cigarettes on the streets of this city. And now Freddie Gray. His spine nearly severed while in police custody. Not only as a mother and a grandmother but as a citizen, a human being, my heart breaks for these young men and their families.

tear 찢다 | **unmistakable** 오해의 여지없이 틀림없는 | **choke to death** 질식사하다 | **spine** 척추, 등뼈 | **sever** 자르다, 절단하다

우리의 형사사법제도가 균형을 잃게 만든 것은 우리입니다. 이 최근의 비극적인 사태들이 자극제가 되어 국민의 한 사람으로서 힘을 합쳐 우리의 균형을 다시 찾아야 합니다. 우리는 우선 평화와 단합을 호소하는 프레디 그레이의 가족의 말에 귀를 기울이는 것부터 시작해야 합니다. 이분들의 호소는 마이클 브라운, 트레이본 마틴 그리고 과거 다른 가족들의 호소를 반향하고 있습니다. 볼티모어에서 더 이상의 폭력을 부추기는 사람들은 그레이의 가족과 전 지역사회를 모독하는 겁니다. 이런 사람들은 프레디 그레이 사망의 비극을 악화시키고 정의를 방해하고 있는 겁니다. 따라서 폭력은 중단되어야 합니다.

하지만 더 넓게 생각해서, 법에 대한 존중이 있고 모든 지역사회의 모든 사람들이 그 법에 의해 존중받을 때 모두가 혜택을 본다는 사실을 명심합시다. 이게 바로 볼티모어와 우리나라 전역에서 노력해야 하는 것입니다. 우리는 시급히 미국인들 간의 신뢰와 존중의 고리, 경찰과 시민들 간에, 그렇습니다. 뿐만 아니라 사회 전역에서 신뢰와 존중의 고리를 짓기 시작해야 합니다. 우리의 정치, 우리의 언론, 우리의 시장에 대한 신뢰를, 이웃들 간의 신뢰를, 심지어 정치적으로 우리와 의견을 달리하는 사람들 간의 신뢰를 회복해야 합니다.

Remarks on American Leadership

미국의 리더십에 관한 연설

2013년 1월 31일, 뉴욕 미국 외교협회

이전에 이곳에서 이미 여덟 차례나 연설한 바 있는 클린턴이 이날 미국의 리더십이라
는 주제로 또 다시 이곳을 찾았으니 이 집단이 얼마나 영향력 있는 조직인지 알 수 있
다. CFR(Council on Foreign Relations)은 『Foreign Affairs』라는 학술지를 출간하여
세계적으로 영향을 미친 문제에 대한 토론을 이끌 수 있는 장을 마련하기도 한다.

 13-01

Today the world remains a dangerous and complicated place. And of course, we still face many difficult challenges. But a lot has changed in the last four years. Under President Obama's leadership, we've ended the war in Iraq, begun a transition in Afghanistan and brought Osama bin Laden to justice. We have also revitalized American diplomacy and strengthened our alliances. And while our economic recovery is not yet complete, we are heading in the right direction.

In short, America today is stronger at home and more respected in the world. And our global leadership is on firmer footing than many predicted.

To understand what we have been trying to do these last four years, it's helpful to start with some history. Last year I was honored to deliver the Forrestal Lecture at the Naval Academy, named for our first secretary of defense after World War II. In 1946 James Forrestal noted in his diary that the Soviets believed that the post world war world should be shaped by a handful of major powers acting alone. But, he went on, the American point of view is that all nations professing a desire for peace and democracy should participate.

bring ~ to justice 사법 처리하다, 정의의 심판대에 세우다 | **revitalize** 새로운 활력을 주다 | **handful** 한 움큼, 소수의

오늘날 세계는 여전히 위험하고 복잡한 곳입니다. 그리고 물론, 우리는 여전히 많은 난제에 직면해 있습니다. 하지만 지난 4년 동안 많은 변화가 있었습니다. 우리는 오바마 대통령의 지도하에 이라크 전쟁을 끝냈고 아프가니스탄에서 이양을 시작했으며, 오사마 빈 라덴을 처벌했습니다. 우리는 또한 미국의 외교에 활기를 불어넣었고 동맹을 강화했습니다. 그리고 경제 회복이 아직 완전하지는 않지만 우리는 올바른 방향으로 가고 있습니다.

간단히 말해서, 현재 미국은 국내적으로는 더 강하고 세계에서는 더 존경받고 있어 우리의 글로벌 리더십은 많은 사람들이 예상한 것보다 더 확고한 입지에 있습니다.

우리가 지난 4년 동안 해오려던 것을 이해하기 위해서는 약간의 역사로 시작하는 것이 도움이 됩니다. 지난해, 저는 해군사관학교에서 포리스털 강의를 할 수 있는 영광을 얻었습니다. 포리스털 강의는 제2차 세계대전 후 우리나라 최초의 국방장관 이름을 딴 강의입니다. 1946년, 제임스 포리스털은 자신의 일기에 소련은 전후세계는 단독으로 행동하는 소수의 강대국들에 의해 형성될 것으로 믿었다고 언급했습니다. 하지만 그는 또 평화와 민주주의에 대한 열망을 공언한 모든 국가들이 참여해야 한다는 것이 미국의 견해라고 말했습니다.

 13-02

And what ended up happening in the years since is something in between. The United States and our allies succeeded in constructing a broad international architecture of institutions and alliances, chiefly the UN, the IMF, the World Bank and NATO, that protected our interests, defended universal values and benefited peoples and nations around the world. Yet it is undeniable that a handful of major powers did end up controlling those institutions, setting norms and shaping international affairs.

Now, two decades after the end of the Cold War, we face a different world. More countries than ever have a voice in global debates. We see more paths to power opening up as nations gain influence through the strength of their economies rather than their militaries. And political and technological changes are empowering nonstate actors, like activists, corporations and terrorist networks.

그래서 이후 중간지대가 발생하게 되었습니다. 미국과 우리 동맹국들은 주로 UN, 국제통화기금, 세계은행 그리고 북대서양조약기구 등과 같은 광범위한 국제적 구조의 기관과 연합을 구축하는 데 성공했는데 이 기구들은 우리의 이익을 보호하고, 보편적 가치를 수호하며 전 세계 사람들과 나라들에게 도움이 되었습니다. 하지만 소수의 강대국들이 이러한 기관들을 장악하고 규범을 세우며 국제정세를 형성하게 됐다는 것은 부정할 수 없는 사실입니다.

냉전 종식 후 20년이 지난 지금, 우리는 다른 세계에 직면해 있습니다. 그 어느 때보다 더 많은 나라들이 국제적인 토론에서 목소리를 내고 있습니다. 군사력보다는 경제력을 통해 국가들이 영향력을 얻으면서 그들이 영향력을 행사할 수 있는 방법이 많아졌습니다. 그리고 정치적 기술적 변화는 활동가들, 기업들과 테러리스트 네트워크 같은 비정부 활동가들에게 권능을 부여하고 있습니다.

At the same time, we face challenges, from financial contagion to climate change to human and wildlife trafficking, that spill across borders and defy unilateral solutions. As President Obama has said, the old postwar architecture is crumbling under the weight of new threats. So the geometry of global power has become more distributed and diffuse as the challenges we face have become more complex and cross-cutting.

And we know leadership has its costs. We know it comes with risks and can require great sacrifice. We've seen that painfully again in recent months. But leadership is also an honor, one that Chris Stevens and his colleagues in Benghazi embodied. And we must always strive to be worthy of that honor.

That sacred charge has been my north star every day that I've served as secretary of state, and it's been enormous privilege to lead the men and women of the State Department and USAID, nearly 70,000 serving here in Washington and in more than 270 posts around the world. They get up and go to work every day, often in frustrating, difficult and dangerous circumstances because they believe, as we believe, that the United States is the most extraordinary force for peace and progress the world has ever known.

contagion 감염, 전염 | **trafficking** 밀매 | **crumble** 바스러지다 | **embody** 구현하다

동시에 우리는 경제적인 악영향에서 기후 변화, 인신과 야생동물 밀매에 이르는 난제에 직면해 있습니다. 이런 것들은 국경을 넘어 쏟아져 일방적인 해결을 거부합니다. 오바마 대통령이 말한 바와 같이, 이 오랜 전후 건축물은 새로운 위협의 중압을 받고 무너지고 있습니다. 그래서 세계적 강대국의 기하학은 우리가 직면한 도전들이 보다 복잡하고 교차횡단적이 되면서 더 많이 분포되고 확산되었습니다.

우리는 리더십에 비용이 든다는 것을 압니다. 우리는 리더십에 위험이 따르고 엄청난 희생이 요구된다는 것을 압니다. 우리는 최근 몇 달 동안 그걸 다시 보면서 가슴이 아팠습니다. 하지만 리더십은 또한 명예이기도 합니다. 벵가지의 크리스 스티븐스와 그의 동료들이 구현한 명예 말입니다. 그래서 우리는 항상 그러한 명예에 걸맞도록 노력해야 합니다.

그 신성한 의무가 국무장관 재직 당시 매일 저를 이끌어왔습니다. 그리고 이곳 워싱턴과 전 세계 270여 지부에서 근무하는 근 70,000명에 달하는 국무부와 국제개발처 직원들을 이끈 것은 큰 영광이었습니다. 그들은 종종 좌절감을 느끼며, 어렵고 위험한 상황에서 매일 일어나 일터로 갑니다. 왜냐하면 우리처럼, 그들도 미국은 세계가 지금까지 알고 있는 것 중에서 평화와 진보를 위한 가장 뛰어난 힘임을 믿고 있기 때문입니다.

 13-04

And so today, after four years in this job, traveling nearly a million miles and visiting 112 countries, my faith in our nation is even stronger, and our – my confidence in our future is as well. I know what it's like when that blue and white airplane, emblazoned with the words "United States of America" touches down in some far-off capital, and I get to feel the great honor and responsibility it is to represent the world's indispensable nation.

I'm confident that my successor and his successors and all who serve in the position that I've been so privileged to hold will continue to lead in this century, just as we did in the last: smartly, tirelessly, courageously to make the world more peaceful, more safe, more prosperous, more free. And for that, I am very grateful. Thank you.

그래서 4년 동안 재직 중 근 100만 마일을 여행하고 112개국을 순방했던 이 일을 마치면서 지금 우리나라에 대한 믿음은 저의 더욱 강해져 있습니다. 우리 미래에 대한 우리의 – 저의 믿음 역시 마찬가지입니다. 저는 '미합중국'이라는 단어가 새겨진 그 청백 항공기가 아주 멀리 떨어진 수도에 착륙할 때 그 기분이 어떤지 압니다. 그리고 저는 세계에서 없어서는 안 될 국가를 대표한다는 엄청난 영광과 막중한 책임감을 느낄 수 있습니다.

저는 저의 후임자와 그 후임자의 후임자들과 제가 대단히 영광스럽게 생각하며 맡았던 그 직무에서 봉사하는 모든 사람들이 우리가 지난 세기에 했던 것처럼, 금세기에도 계속 이끌어나갈 것으로 확신합니다. 총명하게, 쉬지 않고, 용기 있게… 이 세계를 더욱 평화롭고, 더욱 안전하고, 더욱 잘 살고, 더욱 자유롭게 하기 위해서 말이죠. 그리고 저는 이에 대해 깊이 감사드립니다. 감사합니다.

Global Health Remarks

세계 건강 관련 연설

2012년 6월 1일, 노르웨이 오슬로

여성의 권한 상승, 산모의 건강, 여성의 건강 증진이 주 아젠다인 이 연설에서 힐러리는 산모 시절의 자신의 예를 들면서 보다 실감나게 스피치를 풀어나가려고 했다, 이 연설의 요지는 범세계적인 건강 증진을 위해 이제는 새로운 길을 찾아볼 때라는 것이다.

How do we achieve health systems that will help every country improve life for more of their people? And the key question comes down to, if you really want to know how strong a country's health system is, look at the well-being of its mothers. Because when a woman in labor experiences complications, it takes a strong system to keep her alive. It not only takes skilled doctors, midwives, and nurses, it takes reliable transportation, well-equipped clinics and hospitals that are open 24 hours a day. Where these elements are in place, more often than not women will survive childbirth. When they aren't, more often than not they die or suffer life-changing, traumatic injuries.

When China, Sri Lanka, and Malaysia upgraded and expanded their health systems, their maternal mortality rates dropped dramatically. When Zimbabwe's system began to crumble, its maternal mortality rates shot up dramatically. That is a powerful, inescapable correlation. And it is why improving maternal health is a priority for the United States.

midwife 산파 | **more often than not** 대개, 자주 | **shot up** 급증(급등)했다

우리가 어떻게 하면 모든 나라가 더 많은 자국민들의 삶을 개선시키는 데 도움이 될 의료제도를 성취할까요? 이 중요한 질문은, 여러분이 정말로 한 나라의 의료제도가 얼마나 강한지 알고 싶으시다면, 그 나라의 어머니들의 복지를 보시면 된다는 결론에 이릅니다. 왜냐하면 한 산모가 합병증을 겪을 때, 그녀를 살리기 위해서는 강력한 의료제도가 필요하기 때문입니다. 노련한 의사, 산파와 간호사들이 필요할 뿐만 아니라 믿을 수 있는 교통수단, 잘 갖춰진 진료소와 하루 24시간 운영되는 병원도 필요합니다. 이러한 요소들이 준비될 때, 대개 여성들은 출산 과정에서 살아남게 됩니다. 준비가 되지 않았을 때는, 대개 산모들은 죽거나 인생을 바꿔놓는 외상을 입게 됩니다.

중국, 스리랑카, 말레이시아가 그들의 의료제도를 향상시키고 확대시켰을 때, 이 나라들의 산모 사망률은 급격히 내려갔습니다. 짐바브웨의 제도가 붕괴되기 시작했을 때, 이 나라의 산모 사망률은 급격히 높아졌습니다. 그건 강력하고 필연적인 상관관계입니다. 그래서 임산부의 건강 증진이 미국의 최우선 과제입니다.

Through our development agency USAID, we are supporting more skilled midwives and cell phone technology to spread health information. We're involved in the International Alliance for Reproductive, Maternal, and Newborn Health, a five-year effort to improve donor coordination. We are partnering with Norway and others to support innovative interventions that improve outcomes for pregnant women and newborns. And we are working to ensure access to family planning so that women can choose the spacing and size of their families. Reproductive health services can and do save women's lives, strengthen their overall health, and improve families' and communities' well-being.

And of course, women's health means more than just maternal health and therefore we must look to improve women's health more generally, because it is an unfortunate reality that women often face great health disparities. And improving women's health has dividends for entire societies, from driving down child mortality rates to sparking economic growth. And Norway, as Jonas just pointed out, has been a leader in not only doing that, but recognizing it.

우리의 개발 기구인 국제개발처를 통해 우리는 더 많은 노련한 산파들과 휴대폰 기술을 지원하여 건강 정보를 퍼뜨리고 있습니다. 우리는 기증자 협력을 증진시키기 위한 5년 계획인 산모와 신생아 건강을 위한 국제적 연대에 참여하고 있습니다. 우리는 노르웨이를 비롯한 기타 국가들과 제휴하여 임산부와 신생아들을 위한 결과를 향상시키는 혁신적인 개입을 지원하고 있습니다. 또 우리는 가족계획을 세울 수 있게 하여 여성들이 가족의 터울이나 규모를 선택할 수 있도록 노력하고 있습니다. 출산 관련 보건 기관들은 여성들의 생명을 구하고, 그들의 전반적인 건강을 튼튼히 해주고, 가족들과 지역 사회들의 복지를 증진시킬 수 있습니다.

물론 여성의 건강은 단순한 임산부의 건강 그 이상을 의미합니다. 그렇기 때문에 우리는 보다 보편적으로 여성의 건강을 향상시켜야 합니다. 여성들이 종종 엄청난 건강 불균형에 직면한다는 것은 불행한 현실이기 때문이죠. 또 여성들의 건강을 증진시키면 아이 사망률의 급속한 감소부터 경제 성장까지 사회 전체적으로 이익을 가져옵니다. 그리고 조나스가 방금 지적하신 대로, 노르웨이는 그것을 할 뿐만 아니라 인정하는 데 있어서 주도적인 역할을 해왔습니다.

14-03

And the comment he made at the end about the difference between Norway's GDP with oil and gas and with women's empowerment and involvement is very striking because a recent study that Norway has just completed demonstrated that Norway's GDP actually do more to the empowerment of women than the discovery of natural resources and their exploitation.

Norway has been a leader in also pointing out the direct links between gender-based violence and health. So for our part, the United States is integrating services throughout our health programs so women and their families have access to the range of care they need. And we are linking our health programs to others that address the legal, social and cultural barriers that inhibit women's access to care, such as gender-based violence, lack of education, and the low social status of women and girls.

But you can't impose a health system, and you can't change some of these attitudes from the outside. We understand that. There has to be encouragement for it to grow from within, the kind of leadership that the minister is discussing about what is happening in Sierra Leone.

striking 두드러진 | **exploitation** 개발, 개척 | **integrate** 통합하다 | **have access to** 이용하다 | **impose** 부과하다, 강요하다

그가 말미에 노르웨이가 석유와 가스를 가졌을 때의 국내 총생산과 여성들에게 권한을 주고 여성들이 사회에 적극적으로 참여할 때의 국내 총생산 간의 차이에 관해 한 말은 매우 충격적입니다. 왜냐하면 노르웨이가 최근 완료한 한 연구는 노르웨이의 국내 총생산이 천연자원의 발견 및 개발보다 여권 신장에 실제로 더 긍정적인 영향을 받는다는 것을 보여줬기 때문입니다.

노르웨이는 또한 성 기반 폭력과 건강 간의 직접적인 관련성을 지적하는 데 있어서 주도적인 역할을 해왔습니다. 그래서 이를 위해 미국은 우리의 건강 관련 프로그램 전역에 걸쳐 서비스를 통합하고 있습니다. 여성들과 그들의 가족이 그들이 필요로 하는 다양한 의료를 이용할 수 있게 말입니다. 또 우리는 우리의 건강 프로그램들을 법률적, 사회적, 문화적 장벽을 해결하는 다른 것들과 연계시키고 있습니다. 성 기반 폭력, 교육의 부족과 여성과 소녀들의 낮은 사회적 지위와 같은 장벽들은 여성들의 의료 서비스 이용 기회를 막고 있습니다.

하지만 여러분은 의료제도를 강요할 수 없고 외부에서 이러한 태도의 일부를 변화시킬 수 없습니다. 우리는 그걸 알아요. 안에서부터 발전하도록 북돋워져야 합니다. 장관님이 논하고 있는 시에라리온에서 발생하고 있는 것과 같은 리더십 말입니다.

That is the principle of what we call country ownership. And I think it's important to stress the connection between maternal mortality, strong health systems, and country ownership. Because while the global health community has recognized that we have to rigorously think about what works and what doesn't work, and that we endorsed country ownership at the high-level forum in Paris in 2005 and reaffirmed it in Accra and Busan, it is enshrined in numerous global health agreements.

But few of us have honestly forced ourselves to examine what country ownership means for the day-to-day work of saving lives. Now, for many people, that phrase is freighted with unstated meaning. Some worry that it means donors are supposed to keep money flowing indefinitely while recipients decide how to spend it. Others, particularly in partner countries, are concerned that country ownership means countries are on their own. Still others fear that country-owned really means government-run, freezing out civil society groups or faith-based organizations that in some places operate as many as 70 percent of all health facilities.

stress 강조하다 | **endorse** 지지하다 | **enshrine** 명시하다 | **freight** ~을 싣다, ~을 채워넣다 | **recipient** 수령인 | **freeze out** 쫓아내다, 축출하다

그것은 흔히 우리가 말하는 국가 소유권의 원리입니다. 그리고 저는 산모 사망률, 강력한 의료제도와 국가 소유권 간 관련성을 강조하는 것은 중요하다고 봅니다. 세계 보건 단체가 우리에게 무엇이 효과가 있고 무엇이 효과가 없는지 엄밀하게 생각해보기로 하고, 우리가 2005년 파리에서 열린 고위급 포럼에서 국가 소유권을 지지했으며, 그것을 아크라와 부산에서 재확인했기 때문에 그것은 수많은 세계 건강관련 협약에 명시되어 있습니다.

하지만 우리들 중에서 우리 자신들이 매일 생명을 구하는 일을 위해 국가 소유권이 무엇을 의미하는지 조사하게 한 사람은 거의 없었습니다. 많은 사람들에게, 이 표현은 암묵적 의미를 가득 담고 있습니다. 일부는 그것이 기증자들이 돈을 무한으로 흐르게 해야 할 때 수혜자들은 그 돈을 쓰는 방법을 결정한다는 것을 의미한다고 걱정합니다. 다른 사람들 – 특히 제휴 국가들의 – 은 국가 소유권이란 국가들이 스스로 알아서 해야 한다는 것을 의미한다고 염려합니다. 그럼에도 불구하고 다른 사람들은 국가 소유는 정말로 정부 운영을 의미하여 시민 사회 단체나 종교를 기반으로 한 조직들을 배척한다고 두려워하는데 일부 지역에서는 신앙 단체들이 모든 건강 관련 시설의 70%나 운영하고 있습니다.

Women in the World Summit

세계 속의 여성 정상 회담

2012년 3월 10일, 뉴욕 링컨 센터

세계적으로 영향력 있는 여성 지도자, 활동가, 각 분야의 최고 전문가들이 모여 자신들의 얘기를 전하고 여성들의 더 나은 삶을 건설하기 위한 해결책을 제시하는 세계속의 여성 정상 회담에서 행한 연설이다. 이 회담은 반드시 여성들만이 참석하는 회담이 아니다. 빌 클린턴 같이 여성들의 권익을 옹호하는 남자들도 이 회담에 연사로 등장할 수 있다.

 15-01

My life has been enriched, and I want yours to be as well. I am thrilled that so many of you have taken the time out of your own lives to celebrate these stories of these girls and women. And of course, now I hope that through your own efforts, through your own activism, through the foundations, through your political involvement, through your businesses, through every channel you have, you will leave here today thinking about what you too can do. Because when I flag in energy, when I do recognize that what my friends are telling me – that I need more sleep – is probably true, I think about the women whom I have had the honor to work with. Women like Dr. Gao, who Meryl met, who is about – well, she's shorter than the podium. She is in her 80s now. She did have bound feet. She became a doctor and she was the physician who sounded the alarm about HIV/AIDS despite the Chinese Government's efforts for years to silence her.

Or I think about Vera, the activist from Belarus whom I met. She's worked so hard to shine a spotlight on the abuses happening right inside Europe one more time – another regime that believes silencing voices, locking up dissidents, rigging elections, is the only way to stay in power. So she and her allies brave the abuse every single day to say no, there is another way.

제 인생은 풍요로웠는데 여러분의 삶도 풍요롭기를 바랍니다. 저는 이렇게 많은 분들이 시간을 내서 이 소녀들과 여성들의 이 이야기들을 축하하게 되어 무척 흥분되어 있습니다. 그리고 물론 지금 저는 여러분의 노력, 여러분의 활동, 재단, 여러분의 정치 참여, 여러분의 사업, 여러분이 갖고 있는 모든 채널을 통해, 여러분도 할 수 있다는 것에 대해 생각하면서 오늘 이곳을 떠나기를 바랍니다. 왜냐하면, 제가 지칠 때, 제가 그걸 인지할 때, 제 친구들이 제게 말하는 것 – 제가 좀 더 자야 한다 – 은 아마 사실이기 때문입니다. 저는 함께 일하는 영광을 가진 여성들을 생각합니다. 메릴이 만난 가오 박사 같은 분들, 그분은 연단보다도 키가 작으시고, 지금 80대이십니다. 그분은 발이 묶여 있습니다. 의사가 된 그녀는 수년 동안 그녀를 침묵시키려는 중국 정부의 노력에도 불구하고 에이즈에 대해 경종을 울렸습니다.

아니면 저는 제가 만나본 벨로루시 공화국 출신의 운동가 베라를 생각합니다. 그분은 바로 유럽에서 벌어지고 있는 학대를 한 번 더 집중 조명하기 위해 아주 열심히 일해 오셨습니다. 반대의 목소리를 가라앉히고, 반체제 인사들을 투옥시키고, 선거를 조작하는 것이 권력을 유지하는 유일한 방법이라고 믿는 또 하나의 정권에 대해서 말이죠. 그래서 그녀와 그녀의 동지들은 "아니, 또 다른 방법이 있어요"라고 말하기 위해 매일 매일 그 학대에 용감히 맞섭니다.

Or Inex, who Meryl also mentioned, who I got to know during our efforts on behalf of the peace process in Northern Ireland. And she was reaching across all of these deep divides between the communities there, trying to forge understanding and build bridges. And like Muhtaren, the Pakistani young woman who had been so brutally assaulted for some absurd remnant out of an ancient belief in settling scores between families which should have no place in any country in the 21st century.

You heard from Zin Mar Aung, the Burmese democracy activist who spoke earlier. When I met her late last year when I, on your behalf, on behalf of our country, went to Burma, I discussed with her and other activists what civil society would now be able to do to further the political and the economic reforms that the people so desperately need. And we did honor her along with nine extraordinary other women as International Women of Courage at the State Department.

forge 구축하다 | **assault** 폭행하다 | **remnant** 나머지, 유물 | **settle score** 원한을 갚다

아니면 메릴도 언급한 바 있는 아이넥스가 있죠. 북아일랜드 평화 협상을 위해 우리가 활동하던 중 알게 된 분입니다. 그리고 그녀는 이해를 구축하고 교량 역할을 하려고 노력하면서 그곳 지역들 간의 심각한 분열을 뛰어넘으려고 했습니다. 또 가족들 간 원한을 갚는 것에 대한 태곳적부터의 신앙에서 비롯된 황당한 잔재로 인해 아주 잔인하게 폭행당했던 파키스탄의 젊은 여성인 무타렌(Muhtaren) 같은 분도 있죠. 이와 같은 일이 21세기에서는 어느 나라에서도 용납되어서는 안 돼요.

여러분은 앞서 연설한 미얀마의 민주화 운동가인 진 마 아웅(Zin Mar Aung)에게 들으셨습니다. 제가 여러분을 대신하고, 우리나라를 대표해서 지난해 말 미얀마에 가서 그녀를 만났을 때, 저는 그녀를 비롯한 다른 운동가들과 미얀마 국민들이 그토록 간절히 필요로 하는 정치, 경제 개혁을 촉진하기 위해 시민 사회는 이제 무엇을 할 수 있을 것인가?에 관해 논의했습니다. 그리고 우리 국무부는 그녀에게 아홉 명의 다른 훌륭한 여성들과 함께 용기 있는 국제여성상을 수여했습니다.

She, as you could see, came out of prison not embittered, although she had every right to be so, but determined, determined to make her contribution. She didn't have time to feel sorry for herself, to worry whether you know her hair was the right shade or the right length. She got to work. And because of her, she's founded four organizations, she's working with young people and women to build civil society and citizenship. She raises funds for orphanages, she helps the families of political prisoners trying to re-enter into society, and she is one of those watering the seeds of democracy.

Or consider the young Nepali woman Suma, who sang so beautifully for us. You know what her story was. Six years old, sold into indentured servitude, working under desperate conditions, not allowed to go to school, not even allowed to you know speak her own native language. But then finally rescued by an NGO, an organization supported by the United States State Department, your tax dollars, called Room to Read, helped her enroll in a local school. We've helped 1,200 girls across India, Nepal, Bangladesh, and Sri Lanka complete their secondary education.

그녀는 보신 대로, 증오심을 품지 않고 출소했습니다. 충분히 그럴만했는데도요. 하지만 그녀는 공헌하기로 결심했습니다. 그녀는 자신을 애처롭게 생각하거나 자신의 머리카락이 적당한 색인지 또는 적당한 길이인지 걱정할 시간을 갖지 않았습니다. 그녀는 바로 일하기 시작했던 거죠. 그리고 그녀 때문에 그녀는 네 개의 단체를 설립했고, 시민 사회를 건설하고 시민권을 갖기 위해 젊은이들, 여성들과 일하고 있습니다. 고아원을 위해 기금을 모금하고, 사회로 재진입하려는 정치범들의 가족을 돕고 있는 그녀는 민주주의의 씨앗에 물을 주고 있는 사람들 중 한 명입니다.

아니면 우리를 위해 아주 아름답게 노래를 불러준 젊은 네팔 여성 수마(Suma)를 고려해보세요. 여러분은 그녀의 이야기를 아십니다. 도제 형태의 노역에 팔린 6세의 여자아이는 열악한 조건에서 일하면서 학교에 가는 것이 허용되지 않았고, 심지어 자신의 모국어로 말하는 것조차 허용되지 않았습니다. 하지만 여러분의 세금으로 운영되고, 미 국무부에 의해 지원받는 한 비정부기구에 의해 마침내 구조되었습니다. 'Room to Read'라고 불리는 이 단체는 그녀가 한 지방 학교에 등록하는 것을 도왔습니다. 우리는 인도, 네팔, 방글라데시, 스리랑카 전역에서 1,200명의 여자아이들이 중등교육을 마치도록 도왔습니다.

secondary education 중등교육

 15-04

We are living in what I call the Age of Participation. Economic, political, and technological changes have empowered people everywhere to shape their own destinies in ways previous generations could never have imagined. All these women – these Women in the World – have proven that committed individuals, often with help, help from their friends, can make a difference in their own lives and far beyond.

So let me have the great privilege of ending this conference by challenging each of you. Every one of us needs to be part of the solution. Each of us must truly be a Woman in the World. We need to be as fearless as the women whose stories you have applauded, as committed as the dissidents and the activists you have heard from, as audacious as those who start movements for peace when all seems lost. Together, I do believe that it is part of the American mission to ensure that people everywhere, women and men alike, finally have the opportunity to live up to their own God-given potential. So let's go forth and make it happen. Thank you all.

우리는 참여의 시대라고 불리는 때에 살고 있습니다. 경제적, 정치적, 기술적 변화들은 모든 곳의 사람들이 이전 세대들은 결코 상상할 수 없었던 방식으로 자신들의 운명을 결정할 수 있게 했습니다. 이 모든 여성들, 이 '세계 속의 여성들'은 종종 도움을 받는, 그들 친구의 도움을 받는 헌신적인 사람들이 자신의 삶에만 국한하지 않고 큰 변화를 가져올 수 있다는 것을 입증했습니다.

그래서 저는 여러분 각자에게 이걸 부탁드리면서 이 회의를 끝내는 큰 영광을 갖겠습니다: 즉, 우리 모두 그 해결책의 일환이 되어야 합니다. 우리 각자는 진정으로 '세계 속의 한 여성'이 되어야 합니다. 우리는 여러분이 찬사를 보냈던 그 이야기의 여성들만큼 대담해야 하고, 여러분이 들었던 재야인사들과 운동가들만큼 헌신적이어야 하고, 모든 희망이 사라진 것 같을 때 평화를 위한 운동을 시작하는 사람들만큼 담대해야 합니다. 우리 함께, 저는 남녀 똑같이 전세계인들이 마침내 신이 부여한 자신의 잠재력을 발휘할 수 있는 기회를 갖도록 하는 것은 미국의 사명에 속한다고 생각합니다. 그래서 전진해서 그것이 이루어지게 합시다. 모두 감사합니다.

Remarks on China

닉슨 대통령의 역사적인 첫 중국 방문 40주년 기념 연설

2012년 3월 7일, 워싱턴 평화연구소

국무장관 재직 시절, 워싱턴 평화연구소에서 닉슨 대통령의 역사적인 첫 중국 방문 40주년을 기념해서 행한 연설이다. 1972년 당시 TV 한 대 없었던 가난한 법대 여대생이 40년 뒤 이렇게 국무장관이 돼서 멋진 연설을 할 줄을 본인도 전혀 상상하지 못했을 것이다. 명연설가 클린턴은 많은 청중 앞에서 연설할 때와 이와 같이 연구소에서 연설할 때, 의회에서 연설할 때 등 그날그날의 상황에 따라 연설의 톤, 연설 속도, 연설 때 사용하는 어휘 등이 다르다. 이날은 시종일관 차분하게 연설하는 데 연설을 듣다 보면 힐러리 클린턴의 스피치를 흉내 내고 싶은 기분을 느낄 것이다.

 16-01

Thank you. Thank you all very much. Thank you. I am so honored to be here to join you in celebrating the 40th anniversary of President Nixon's extraordinary trip to China.

The events of that remarkable week in 1972 have been studied, analyzed, debated, reenacted on stage and screen, even commemorated in song. And yet, there is still more to be said about that journey to Beijing and the relationship it set into motion — and how we, who are the great beneficiaries of that work 40 years ago, are cultivating the relationship so it meets the challenges and seizes the opportunities of this time.

I was a law student in 1972. I was a poor law student. I did not own a television set. But I was not about to miss history being made, so I rented one, you know, a portable model with those rabbit ears. I lugged it back to my apartment and tuned in every night to watch scenes of a country that had been blocked from view for my entire life. Like many Americans, I was riveted and proud of what we were accomplishing through our president.

reenact 재현하다 | **commemorate** 기념하다 | **beneficiary** 수혜자 | **lug** 끌고 가다 | **rivet** 고정시키다

감사합니다. 여러분 모두 대단히 감사합니다. 오늘 이 자리에 와서 여러분과 함께 닉슨 대통령의 특별한 중국 방문 40주년을 기념하게 된 것을 대단한 영광으로 생각합니다.

1972년 그 놀라웠던 주의 사건들은 연구, 분석, 토론되고, 무대와 스크린에서 재현되었으며 심지어 노래로도 경축되었습니다. 그렇지만 베이징 방문, 그 방문이 진행시킨 관계와 40년 전 그 업적의 큰 수혜자들인 우리가 중국과의 관계를 잘 유지해서 난제에 대처하고 지금의 기회를 이용하는 것에 대해서 여전히 할 얘기가 더 남아 있습니다.

1972년 저는 법대생이었어요. 가난한 법대생이었지요. TV 하나도 갖고 있지 못할 정도였지만 역사가 만들어지는 순간을 놓치지 않으려고 토끼 귀가 달린 휴대용 TV 한 대를 빌렸습니다. TV를 힘들게 아파트로 옮겨놓고 매일 밤 주파수를 맞춰 제 평생 동안 볼 수 없었던 나라의 장면들을 시청했습니다. 많은 미국 시민들처럼 시선이 고정되었던 저는 우리 대통령을 통해 우리가 성취한 것들에 대해 자부심을 느꼈습니다.

Back in 1972, the U.S.-China project was, in many ways, a signature 20th century diplomatic endeavor embedded in the context of the Cold War, focused on establishing official ties and laying the groundwork for peaceful engagement, and building a basic understanding of each other. Well, the U.S.-China project of 2012 is something altogether different; indeed, it is unprecedented in the history of nations. The United States is attempting to work with a rising power to foster its rise as an active contributor to global security, stability and prosperity while also sustaining and securing American leadership in a changing world. And we are trying to do this without entering into unhealthy competition, rivalry, or conflict; without scoring points at each other's expense and thereby souring the relationship; and without falling short on our responsibilities to the international community. We are, together, building a model in which we strike a stable and mutually acceptable balance between cooperation and competition. This is uncharted territory. And we have to get it right, because so much depends on it.

diplomatic 외교적인 | **embed** (단단히) 박다 | **groundwork** 기초 작업 | **unprecedented** 전례없는 | **sour** (관계가) 틀어지다 | **fall short** 모자라다, 미치지 못하다

지난 1972년, 미-중 프로젝트는 여러 면에서 냉전의 틀에 박힌 20세기의 획기적인 외교적 노력으로, 정식 외교관계를 수립하고 평화적 교류의 토대를 마련하며 서로에 대한 기본적 이해를 구축하는 데 중점을 두었습니다. 2012 미-중 프로젝트는 전혀 달라요. 사실, 이건 국가 역사에서 유례가 없는 것입니다. 미국은 세계 안보, 안정과 번영에 대한 적극적 기여자로서의 중국의 부상을 촉진시키기 위해 신흥 강대국과의 협력을 시도하면서 변화하는 세계에서 미국의 리더십을 지속시키며 지키고 있습니다. 그리고 우리는 불건전한 경쟁, 대립 관계나 갈등 없이 이 일을 하려고 합니다. 서로를 희생했는데도 득점이 없어 관계가 틀어지지 않고, 국제 사회에 대한 우리의 책임을 다하지 못하는 일이 없도록 하면서 말입니다. 우리는 힘을 합쳐, 협력과 경쟁 사이에서 안정되고 서로 만족할 만한 균형을 이루는 모델을 만들고 있습니다. 여기는 아직 답사되지 않은 땅입니다. 그래서 우리는 일을 제대로 해야 합니다. 너무나 많은 것들이 이 일에 좌우됩니다.

uncharted 미지의, 답사되지 않은, 잘 알지 못하는

 16-03

In 1972, when President Nixon disembarked in Beijing and shook Zhou Enlai's hand, the premier said, "Your handshake came over the vastest ocean in the world, 25 years of no communication." A few days later, President Nixon toasted his hosts and said, "The Great Wall is a reminder that for almost a generation there has been a wall between the People's Republic of China and the United States of America. In these past four days we have begun the long process of removing that wall." Both sides were taking a risk. But they decided that engagement was worth it. They knew that if the summit went smoothly, the conversation between our two countries would continue, and that would lead to cooperation, and that in time we both would benefit from it.

1972년 닉슨 대통령이 베이징에 내려 저우언라이(周恩來)와 악수했을 때, 총리는 "대통령의 악수는 25년간 교류가 없었던, 세계에서 가장 광대한 바다를 넘어왔습니다."라고 말했습니다. 며칠 후 닉슨 대통령은 주최 측을 위해 건배하면서 "만리장성은 근한 세대 동안 중화인민공화국과 미합중국사이에 벽이 있었다는 것을 상기시켜주는 것입니다. 지난 4일 동안 우리는 그 벽을 허무는 긴 작업에 착수했습니다."라고 말했습니다. 양측이 모험을 걸었습니다만, 그분들은 수교가 그만한 가치가 있다고 결정했던 거죠. 그분들은 정상회담이 순조롭게 진행되면, 양국 간 대화가 계속되어 협력으로 이어질 것이며 시간이 지나면 우리 양측은 그로 인해 득을 볼 것이라는 것을 알았던 것입니다.

16-04

That is precisely what has happened. Nearly everything that China and the United States disagreed about before that trip, we disagreed about after the trip. But we began a conversation that has helped us mitigate our differences and broaden those areas on which we agree. And the result is the relationship we have today, as consequential and multifaceted as any in the world.

We are now trying to find an answer, a new answer to the ancient question of what happens when an established power and a rising power meet. We need a new answer. We don't have a choice. Interdependence means that one of us cannot succeed unless the other does as well. We need to write a future that looks entirely different from the past. This is, by definition, incredibly difficult. But we have done difficult things before.

multifaceted 다면적인 | **interdependence** 상호의존 | **by definition** 정의상, 당연히, 분명히

이게 바로 벌어진 일입니다. 닉슨 대통령의 중국 순방 이전과 이후에 거의 모든 사안에 대해서 중국과 미국은 의견을 달리했었지만 우리는 대화를 시작했고 이 대화는 이견을 완화하고 우리가 합의에 이르는 영역들을 넓히는 데 도움이 되었습니다. 현재 우리와 중국과의 관계는 세계의 어느 것 못지않게 중대하고 복잡합니다.

우리는 지금 답을 찾으려고 합니다. 기존 강대국과 신흥 강대국이 만날 때 어떻게 되는가?라는 아주 오래된 질문에 대한 새로운 정답을 찾으려고 노력 중입니다. 우리는 새로운 정답이 필요합니다. 다른 방법이 없어요. 상호의존은 우리 중 하나가 성공하지 않으면 다른 한쪽도 성공할 수 없다는 것을 의미합니다. 우리는 과거와 완전히 달라 보이는 미래를 써야 합니다. 이것은 분명, 대단히 어려운 일이지만 우리는 과거에 어려운 일들을 해냈습니다.

I wish that all of the leaders from 40 years ago could have been with me when I visited the U.S.A. Pavilion at the Shanghai Expo. I'm very proud to be called the mother of the U.S.A. Pavilion by our Chinese friends. And what was most striking to me is that we had invited young Americans who were studying Chinese to be the guides and the hosts at our pavilion. And many of the Chinese people who had come from around that vast and magnificent country were stunned to be greeted by Hispanic children, African American, Asian American, Caucasian, every kind of person that we have in the United States speaking to them in their language. And the incredible connections that were being made as people were asking questions, telling jokes, recounting where they had come from was as strong an endorsement of the courageous step taken 40 years ago as any that I personally have seen. But it also was a reminder that we do the work we do as secretaries of state or as presidents or premiers or foreign ministers – we do that work because we all have to be committed to making a better future for those young people, that we are the stewards of their future in terms of the kind of opportunities that they will enjoy.

stun 놀라게 하다 | **recount** 이야기하다 | **endorsement** 지지 | **steward** 관리인, 담당자, 남자 승무원

제가 상하이 엑스포의 미국관에 들렀을 때 40년 전 모든 지도자들이 저와 함께 있었더라면 좋았을 거예요. 저는 우리 중국 친구들에 의해 미국관의 어머니라고 불리게 된 것을 매우 자랑스럽게 생각합니다. 제게 가장 인상적이었던 것은 우리가 미국 젊은이들을 초대했는데 이들은 가이드와 우리 관의 주인이 되기 위해 중국어를 공부했다는 사실입니다. 그래서 그 광활하고 웅장한 나라의 각지에서 온 많은 중국인들이 히스패닉계 아이들, 흑인, 아시아계 미국인, 백인, 우리 미국에 있는 모든 인종의 사람들의 인사를 받고 놀랐는데, 이들이 중국인들과 중국어로 얘기했기 때문이죠. 그리고 사람들이 질문하고, 농담하고, 그들이 어디 출신인지 말하면서 믿을 수 없는 친밀감이 생겼는데 이는 제가 여태까지 개인적으로 본 것 중에서 40년 전 취한 그 용기 있는 조치를 가장 강력하게 지지하는 행동들이었습니다. 하지만 이것은 또한 우리는 국무장관 또는 대통령 또는 총리 또는 외무장관으로서 우리가 할 일을 한다는 것을 일깨워주었습니다 – 우리는 그 일을 합니다. 왜냐하면 우리 모두 그 젊은이들에게 더 나은 미래를 만들어주기 위해 헌신해야 하기 때문입니다. 우리는 그들이 누리게 될 그러한 종류의 기회 면에서 그들 미래를 담당하는 관리자들이기 때문입니다.

Historic LGBT speech

성소수자들을 위한 역사적인 연설

2011년 12월 6일, 스위스 제네바

세계 인권 선언일(12월 10일)을 기념하여 스위스 제네바에서 이날 역사적인 LGBT(레즈비언, 게이, 양성애자, 트렌스젠더) 연설을 했다. 성소수자들의 인권보호를 위한 범세계적인 노력을 촉구한 그녀는 "Gay rights are human rights and human rights are gay rights(동성애자 권리가 인권이고 인권이 동성애자 권리입니다)."라는 말을 만들어냄으로써 1995년 중국 베이징에서 열린 제4차 세계여성회의 때의 명연설을 떠올리게 했다.

 17-01

Good evening, and let me express my deep honor and pleasure at being here. I want to thank Director General Tokayev and Ms. Wyden along with other ministers, ambassadors, excellencies, and UN partners. This weekend, we will celebrate Human Rights Day, the anniversary of one of the great accomplishments of the last century.

Beginning in 1947, delegates from six continents devoted themselves to drafting a declaration that would enshrine the fundamental rights and freedoms of people everywhere. In the aftermath of World War II, many nations pressed for a statement of this kind to help ensure that we would prevent future atrocities and protect the inherent humanity and dignity of all people. And so the delegates went to work. They discussed, they wrote, they revisited, revised, rewrote, for thousands of hours. And they incorporated suggestions and revisions from governments, organizations, and individuals around the world.

delegate 대표 | **aftermath** 여파, 휴우증 | **inherent** 내재하는, 타고난 | **dignity** 존엄성

178

안녕하세요. 이 자리에 오게 된 것을 매우 영광스럽고 기쁘게 생각합니다. 토카예프 UN 제네바 사무소장님과 위든 외 다른 장관님들, 대사님들 그리고 UN 파트너들에 게 감사드립니다. 이번 주말 우리는 지난 세기 최대 업적들 중 하나를 기념하는 날인 세계 인권의 날을 축하할 것입니다.

1947년부터 시작해서 6대륙의 대표들은 전 세계 모든 사람들의 기본권과 자유를 명 시할 선언문 작성에 헌신했습니다. 제2차 세계대전의 여파로 많은 나라들이 앞으로 의 참극을 막고 모든 사람들 고유의 인간성과 존엄성을 보호하는 데 일조할 이러한 성명서를 촉구했습니다. 그렇게 돼서 대표단이 일에 착수했습니다. 이분들은 수천 시 간 동안 토론하고, 작성하고, 다시 논의하고, 수정하고, 다시 작성했습니다, 그리고 전 세계 정부, 단체, 개인들이 제안하고 수정한 내용도 포함시켰습니다.

 17-02

At three o'clock in the morning on December 10th, 1948, after nearly two years of drafting and one last long night of debate, the president of the UN General Assembly called for a vote on the final text. Forty-eight nations voted in favor; eight abstained; none dissented. And the Universal Declaration of Human Rights was adopted. It proclaims a simple, powerful idea: All human beings are born free and equal in dignity and rights. And with the declaration, it was made clear that rights are not conferred by government; they are the birthright of all people. It does not matter what country we live in, who our leaders are, or even who we are. Because we are human, we therefore have rights. And because we have rights, governments are bound to protect them.

In the 63 years since the declaration was adopted, many nations have made great progress in making human rights a human reality. Step by step, barriers that once prevented people from enjoying the full measure of liberty, the full experience of dignity, and the full benefits of humanity have fallen away. In many places, racist laws have been repealed, legal and social practices that relegated women to second-class status have been abolished, the ability of religious minorities to practice their faith freely has been secured.

abstain 기권하다 | **dissent** 반대하다 | **confer** 부여하다 | **repeal** 폐지하다 | **relegate** 격하시키다, 강등시키다

거의 2년 걸린 초안 작성과 마지막으로 장시간 토론했던 밤이 지난 후, 1948년 12월 10일 새벽 3시에 UN 총회 의장은 최종 문안에 대한 표결을 요청했습니다. 투표결과 찬성 48개국, 기권 8개국, 반대는 없었습니다. 이렇게 해서 세계인권선언이 채택되었습니다. 세계인권선언은 단순하고 강력한 사상을 선포합니다. 즉, 모든 인간은 태어날 때부터 자유롭고 존엄과 권리에서 동등하다는 거죠. 이 선언으로 권리는 정부가 부여하는 것이 아니라 모든 인간의 생득권이라는 점을 분명히 했습니다. 우리가 어느 나라에 살고, 우리 지도자는 누구이며, 심지어 자신이 누구인지는 중요하지 않습니다. 인간이기 때문에 우리에게는 권리가 있고 우리에게 권리가 있기 때문에 정부는 그 권리를 보호할 의무가 있습니다.

세계인권선언이 채택된 후 63년 동안 많은 나라들이 인권이 인간의 중대한 고려사항이 되게 하는 데 있어서 상당한 발전을 보였습니다. 한때 자유를 제대로 누리지 못하게 하고, 존엄을 제대로 경험하지 못하게 하고 인간의 충분한 혜택을 누리지 못하게 했던 장벽들이 하나하나 사라졌습니다. 여러 곳에서 인종을 차별하는 법들이 폐지되었고, 여성을 2급 신분으로 격하시켰던 법적, 사회적 관행들이 없어지고, 종교적 소수자들이 자신들의 신앙을 자유롭게 실천할 수 있게 되었습니다.

In most cases, this progress was not easily won. People fought and organized and campaigned in public squares and private spaces to change not only laws, but hearts and minds. And thanks to that work of generations, for millions of individuals whose lives were once narrowed by injustice, they are now able to live more freely and to participate more fully in the political, economic, and social lives of their communities.

Now, there is still, as you all know, much more to be done to secure that commitment, that reality, and progress for all people. Today, I want to talk about the work we have left to do to protect one group of people whose human rights are still denied in too many parts of the world today. In many ways, they are an invisible minority. They are arrested, beaten, terrorized, even executed. Many are treated with contempt and violence by their fellow citizens while authorities empowered to protect them look the other way or, too often, even join in the abuse. They are denied opportunities to work and learn, driven from their homes and countries, and forced to suppress or deny who they are to protect themselves from harm.

commitment 약속, 전념 | **progress** 진보 | **execute** 처형하다 | **suppress** 숨기다

대부분의 경우, 이러한 진전이 쉽게 이루어지지는 않았습니다. 사람들은 법뿐만이 아니라 마음과 정신도 바꾸기 위해 싸우고, 조직을 만들고, 공공 광장과 사적인 공간에서 캠페인을 벌였습니다. 그리고 한때 부당하게 삶의 기회가 제한되었던 수백만 사람들을 위한 여러 세대에 걸친 그러한 노력 때문에 이제 그들은 보다 자유롭게 살 수 있게 되었고 그들 공동체의 정치적, 경제적, 사회적 생활에 보다 완전하게 참여할 수 있게 되었습니다.

하지만 여러분 모두가 아시는 바와 같이, 그 약속, 그 현실, 모든 사람을 위한 진보를 확실히 하기 위해 해야 할 일이 여전히 훨씬 더 많이 남아 있습니다. 오늘 저는 지금도 이 세계의 너무 많은 지역에서 여전히 인권이 거부당하고 있는 한 집단을 보호하기 위해 우리가 해야 할 일에 대해 얘기하고 싶습니다. 여러 면에서 그들은 보이지 않는 소수자들입니다. 그들은 구속되고, 구타당하고, 테러당하며, 심지어 처형되기도 합니다. 많은 사람들이 동료시민들에게 모욕과 폭력을 당하지만 이들을 보호할 권한이 있는 당국은 모르는 척하거나 심지어 너무 자주 이 학대에 동참하기도 합니다. 그들은 일하고 배울 기회를 거절당하고, 집과 나라에서 추방당하며 위험으로부터 스스로를 보호하기 위해 자신의 신분을 숨기고 부정하도록 강요받고 있습니다.

I am talking about gay, lesbian, bisexual, and transgender people, human beings born free and given bestowed equality and dignity, who have a right to claim that, which is now one of the remaining human rights challenges of our time. I speak about this subject knowing that my own country's record on human rights for gay people is far from perfect. Until 2003, it was still a crime in parts of our country. Many LGBT Americans have endured violence and harassment in their own lives, and for some, including many young people, bullying and exclusion are daily experiences. So we, like all nations, have more work to do to protect human rights at home.

Now, raising this issue, I know, is sensitive for many people and that the obstacles standing in the way of protecting the human rights of LGBT people rest on deeply held personal, political, cultural, and religious beliefs. So I come here before you with respect, understanding, and humility. Even though progress on this front is not easy, we cannot delay acting. So in that spirit, I want to talk about the difficult and important issues we must address together to reach a global consensus that recognizes the human rights of LGBT citizens everywhere.

bestow 부여하다 | **LGBT** 성소수자(Lesbian, Gay, Bisexual, Transgender) | **harassment** 괴롭힘, 희롱 | **consensus** 의견 일치

제가 말하고 있는 게이, 레즈비언, 양성애자, 성전환자들은 태어날 때부터 자유롭고, 평등과 존엄을 부여받은 인간들로, 지금 우리 시대의 남아 있는 인권 과제들 중 하나인 이러한 평등과 존엄을 주장할 권리를 가진 사람들입니다. 이 주제에 대해 얘기하고 있는 저는 동성애자 인권에 관한 제 조국의 성적이 완벽하지 못하다는 사실을 압니다. 2003년까지 제 조국의 일부 지역에서 동성애는 여전히 범죄였습니다. 미국의 많은 성소수자들이 자신의 삶 속에서 폭력과 희롱을 참아왔고, 많은 젊은이들을 포함해 일부 미국인들에게 따돌림과 배제는 일상적인 경험들입니다. 따라서 우리에게는 모든 국가들처럼 국내에서 인권을 보호하기 위해 해야 할 일이 더 있습니다.

이 문제를 제기하는 것은 많은 사람들에게 민감한 사안이며 성소수자들의 인권 보호를 방해하는 장애물들이 개인적, 정치적, 문화적, 종교적 신념에 깊이 박혀 있다는 것을 저는 알고 있습니다. 그래서 저는 존경, 이해, 겸허한 마음을 갖고 여러분 앞에 여기 나왔습니다. 이 분야에서의 진전이 쉽지 않지만 우리는 행동을 늦춰서는 안 됩니다. 그래서 저는 그런 정신으로 성소수자 시민들의 인권을 어디에서나 인정한다는 세계적인 합의에 이르기 위해 우리가 함께 해결해야 할 어렵고 중요한 문제에 대해 얘기하고자 합니다.

Address to the U.N. Commission on the Status of Women

여성들의 지위에 관한 UN 위원회 연설

2010년 3월 12일, 뉴욕 UN 본부

클린턴 국무장관은 이날 연설에서 성평등이 21세기 평화와 발전에 중요하며 경제 발전, 빈곤 퇴치, 건강 증진, 환경 보호와 지속적인 여성 지위 향상의 연관성을 강조했다. 이날 그녀는 "Women's progress is human progress, and human progress is women's progress(여성의 진보는 인류의 진보이고, 인류의 진보는 여성의 진보입니다)."라고 말함으로써 15년전 중국 베이징에서 열린 제4차 세계여성회의 때 영부인으로서 그녀가 말한 "Human rights are women's rights and women's rights are human rights(인권은 여성의 권리이고 여성의 권리는 인권입니다)."을 분명히 반향하고 있고 마치 그때의 명연설 15주기를 기념하는 분위기를 풍기고 있다.

18-01

Thank you. Thank you to Ambassador Alex Wolff and to our U.S. Mission here at the United Nations. And it's wonderful to be back at the United Nations for this occasion.

I want to thank the deputy secretary general for being with us. I'm very pleased that my friend and someone who once represented the United States here before becoming Secretary of State, Madeleine Albright, could join us; members of the diplomatic corps and representatives to the United Nations Commission on the Status of Women; many of my friends, elected officials from New York, including Congresswoman Carolyn Maloney, who has been recognized and who is a great champion of women's rights and responsibilities – and to all of you. This final day of the 54th session of the UN Commission brings to a close a week of a lot of activity, and it reminds us of the work that still lies ahead.

Fifteen years ago, delegates from 189 countries met in Beijing for the Fourth World Conference on Women. It was a call to action – a call to the global community to work for the laws, reforms, and social changes necessary to ensure that women and girls everywhere finally have the opportunities they deserve to fulfill their own God-given potentials and contribute fully to the progress and prosperity of their societies.

ambassador 대사 | **deputy** 장 바로 다음의 직급 | **diplomatic corps** 외교단 | **fulfill** 성취하다, 이행하다

감사합니다. 알렉스 울프 대사와 여기 미 UN 대표부에 감사드립니다. 이번 행사를 위해 UN에 다시 오게 되어 기분이 좋습니다.

사무차장님 저희와 함께해주신 데 대해 감사드리고 싶습니다. 저는 국무장관이 되기 전 이곳에서 한때 미국을 대표했던 제 친구인 매들린 올브라이트, 외교단원들과 UN 의 여성 지위 위원회 대표들, 캐롤린 맬로니 하원의원을 포함한 뉴욕의 선출직 공무원들인 많은 제 친구들이 함께해주셔서 기쁩니다. 캐롤린 맬로니 의원은 여성의 권리와 책임을 위해 싸워온 위대한 투사로 인정받아오셨습니다. 여기 참석해주신 모든 분께도 감사드립니다. 54차 UN 위원회 이 마지막 날은 일주일간의 많은 활동을 끝내면서 여전히 앞에 놓여 있는 일을 우리에게 상기시켜줍니다.

15년 전 베이징에서 열린 제4차 세계여성회의에서 189개국 대표단이 만났습니다. 그것은 세계의 여성들이 하느님이 주신 그들의 잠재력을 충분히 발휘해서 그들이 속한 사회의 발전과 번영에 충분히 기여하기 위해 마침내 그들이 누려야 할 기회를 갖게 하는 데 필요한 법, 개혁 그리고 사회적 변화를 위해 노력하라고 국제 사회에게 행동 개시를 요구한 것이었습니다.

For many of us in this room today, that was a call to action that we have heeded. I know some of you have made it the cause of your life. You have worked tirelessly, day in and day out, to translate those words into realities. And we have seen the evidence of such efforts everywhere.

In South Africa, women living in shanty towns came together to build a housing development outside Cape Town all on their own, brick by brick. And today, their community has grown to more than 50,000 homes for low income families, most of them female-headed.

In Liberia, a group of church women began a prayer movement to stop their country's brutal civil war. It grew to include thousands of women who helped force the two sides to negotiate a peace agreement. And then, those women helped elect Ellen Johnson Sirleaf president, the first woman to lead an African nation.

In the United States, a young woman had an idea for a website where anyone could help a small business on the other side of the world get off the ground. And today, the organization she co-founded, Kiva, has given more than $ 120 million in microloans to entrepreneurs in developing countries, 80 percent of them women.

heed 주의하다, 유의하다 | **tirelessly** 지칠 줄 모르고, 끊임없이 | **shanty** 판자집의 | **brick by brick** 벽돌을 쌓듯이 | **brutal** 잔혹한 | **civil war** 내전 | **get off the ground** 출발하다, 시작하다

오늘 이 회의장의 많은 분들에게 그것은 우리가 귀를 기울여온 행동에 대한 요구였습니다. 저는 여러분 중에 그것을 삶의 목표로 한 분들이 있다는 것을 알고 있습니다. 여러분은 그 말을 실현하기 위해 매일 쉬지 않고 일했고 우리는 그러한 노력의 증거를 여기저기에서 목격했습니다.

남아프리카에서는 빈민가에 사는 여성들이 힘을 모아 그들 자신의 힘으로 차곡차곡 케이프타운 외곽에 주택단지를 지었는데 오늘날 그들의 공동체는 50,000 가옥 이상으로 커졌습니다. 저소득층 가정들을 위한 이 공동체는 대다수가 여성이 가장입니다.

라이베리아에서는 일단의 교회 여성들이 기도 운동을 시작해서 자국의 잔인한 내전을 중단시켰습니다. 수천 명의 여성들이 포함되는 규모로 커진 이 운동은 양측이 협상해서 평화협정을 맺도록 도왔습니다. 이후 이 여성들은 엘렌 존슨 설리프가 대통령으로 선출되는 데 일조했습니다. 이분은 아프리카의 한 나라를 이끈 최초의 여성입니다.

미국에서는 한 젊은 여성이 웹사이트에 대한 아이디어를 냈습니다. 누구나 지구 반대편에 있는 한 소기업이 창업되도록 도와줄 수 있는 웹사이트였습니다. 오늘날 그녀가 공동 창립한 조직인 키바는 개발도상국의 기업인들에게 1억 2천 달러가 넘는 소액 융자를 해주었습니다. 이들 중 80%는 여성입니다.

microloan 소액 융자

So as we meet here in New York, women worldwide are working hard to do their part to improve the status of women and girls. And in so doing, they are also improving the status of families, communities, and countries. They are running domestic violence shelters and fighting human trafficking. They are rescuing girls from brothels in Cambodia and campaigning for public office in Kuwait. They are healing women injured in childbirth in Ethiopia, providing legal aid to women in China, and running schools for refugees from Burma. They are rebuilding homes and re-stitching communities in the aftermath of the earthquakes in Haiti and Chile. And they are literally leaving their marks on the world. For example, thanks to the environmental movement started by Nobel Laureate Wangari Maathai, 45 million trees are now standing tall across Kenya, most of them planted by women.

그래서 우리가 이곳 뉴욕에서 만나고 있는 지금, 전 세계 여성들은 여성들의 지위를 향상시키기 위해 자신들의 본분을 다하려고 노력하고 있습니다. 그렇게 하면서 그들은 또한 가족, 지역사회 그리고 국가의 지위를 향상시키고 있습니다. 그들은 가정폭력보호소를 운영하고 있고 인신매매와 싸우고 있습니다. 그들은 캄보디아의 매음굴에서 여자아이들을 구출하고 있고 쿠웨이트에서는 공직자가 되기 위해 선거운동을 하고 있습니다. 그들은 에티오피아에서 분만 중에 다친 여성들을 치료하고, 중국에서 여성들에게 법률적 도움을 제공하고, 미얀마 피난민들을 위한 학교를 운영하고 있습니다. 그들은 아이티와 칠레의 지진 이후 집을 다시 짓고 지역사회를 재건하고 있습니다. 그들은 말 그대로 세계에 영향에 미치고 있습니다. 예를 들어, 노벨상 수상자인 왕가리 마타이에 의해 시작된 환경운동 덕분에 4,500만 나무가 케냐 전역에 높이 솟아 있는데 이 나무들 대다수는 여성들이 심었습니다.

And even young girls have been empowered to stand up for their rights in ways that were once unthinkable. In Yemen, a 10-year-old girl forced to marry a much older man made headlines around the world by marching into court and demanding that she be granted a divorce, which she received. And her courage helped to shine a spotlight on the continuing practice of child marriage in that country and elsewhere.

My daughter is here with me today – and being the mother of a daughter is a great inspiration and motivation for caring about the girls of the world. And I would hope that we would want not only for our own daughters the opportunities that we know would give them the chance to make the most of their lives, to fulfill that God-given potential that resides within each of us, but that we would recognize doing the same for other daughters of mothers and fathers everywhere would make the world a safer and better place for our own children.

reside 거주하다, ～에 살다

심지어 어린 여자아이들에게도 과거에는 생각할 수도 없는 방식으로 자신들의 권리를 지킬 수 있게 권한이 부여되었습니다. 자신보다 훨씬 나이가 많은 한 남성과의 결혼을 강요당한 예멘의 10세 소녀가 전 세계에 대서특필되었는데 이 여자아이는 법원으로 행진해서 이혼을 승인해줄 것을 요구했고 이 요구는 받아들여졌습니다. 이 여자아이의 용기는 이 나라와 다른 나라에서 관행적으로 지속되고 있는 아동결혼에 이목을 집중시키는 데 일조했습니다.

제 딸이 오늘 저와 함께 여기 와 있는데 딸의 어머니가 된다는 것은 세계의 여자아이들에 관심을 갖는 데 큰 힘이 되고 동기 부여가 됩니다. 우리가 우리 자신의 딸들을 위해서만 그들의 삶을 최대한 이용하고 우리 각자에 내재하는 신이 준 잠재력을 충분히 발휘할 기회를 원하는 것이 아니라 전 세계 부모님들의 다른 딸들에게도 기회를 바라게 되면 세계는 우리 자녀들에게 더 안전하고 더 나은 곳이 될 것임을 우리가 인식하기를 바랍니다.

Remarks on Internet Freedom

인터넷 자유에 관한 연설

2010년 1월 21일, 워싱턴 D.C. 뉴지엄

클린턴 장관은 이날 인터넷 자유, 범세계적인 자유 언론과 표현의 미래에 관한 주제로 연설하면서 인터넷 자유는 중요하고 많은 이점을 가져다주지만 인권 운동가들의 이메일 계정이 해커들의 표적이 되고 있고 일부 정부들이 반대자들을 탄압하고 인권을 거부하는 데 악용하고 있음을 우려했다.

This is an important speech on a very important subject. But before I begin, I want to just speak briefly about Haiti, because during the last eight days, the people of Haiti and the people of the world have joined together to deal with a tragedy of staggering proportions. Our hemisphere has seen its share of hardship, but there are few precedents for the situation we're facing in Port-au-Prince. Communication networks have played a critical role in our response. They were, of course, decimated and in many places totally destroyed. And in the hours after the quake, we worked with partners in the private sector; first, to set up the text "HAITI" campaign so that mobile phone users in the United States could donate to relief efforts via text messages. That initiative has been a showcase for the generosity of the American people, and thus far, it's raised over $ 25 million for recovery efforts.

본 연설은 매우 중요한 사안에 대한 중요한 연설입니다. 하지만 저는 먼저 아이티에 대해 간략히 말하고 싶습니다. 왜냐하면 지난 8일 동안 아이티와 전 세계 사람들이 함께 너무나도 엄청난 비극에 대처했기 때문입니다. 우리 반구가 많은 고난을 겪었습니다만 아이티의 수도 포르토프랭스에서 우리가 직면해 있는 상황에 대한 선례는 거의 없습니다. 우리의 대응에서 통신망이 중요한 역할을 했습니다. 물론 통신망은 많이 제거되었고 완전히 파괴된 곳들이 많았습니다. 그리고 지진 발생 후 수 시간 동안 우리는 민간 부문의 파트너들과 협력했습니다. 미국의 휴대폰 사용자들이 문자 메시지를 통해 구호 활동에 기부할 수 있도록 "아이티" 문자 캠페인을 시작하기 위해서 말입니다. 그 계획은 미국 시민들의 너그러운 마음씨를 보여주는 기회가 되었고 지금까지 구호활동을 위해 2,500만 달러 이상을 모금했습니다.

Information networks have also played a critical role on the ground. When I was with President Preval in Port-au-Prince on Saturday, one of his top priorities was to try to get communication up and going. The government couldn't talk to each other, what was left of it, and NGOs, our civilian leadership, our military leadership were severely impacted. The technology community has set up interactive maps to help us identify needs and target resources. And on Monday, a seven-year-old girl and two women were pulled from the rubble of a collapsed supermarket by an American search-and-rescue team after they sent a text message calling for help. Now, these examples are manifestations of a much broader phenomenon.

The spread of information networks is forming a new nervous system for our planet. When something happens in Haiti or Hunan, the rest of us learn about it in real time – from real people. And we can respond in real time as well. Americans eager to help in the aftermath of a disaster and the girl trapped in the supermarket are connected in ways that were not even imagined a year ago, even a generation ago. That same principle applies to almost all of humanity today. As we sit here, any of you – or maybe more likely, any of our children – can take out the tools that many carry every day and transmit this discussion to billions across the world.

통신망은 또한 현장에서 중요한 역할을 했습니다. 제가 토요일 포르토프랭스에서 프레발 대통령과 함께 있었을 때, 그분의 최우선 과제들 중 하나는 통신이 가동되게 하려고 하는 것이었습니다. 정부는 살아남은 서로와 얘기할 수 없었고 비정부기구, 우리의 민간 지도부, 우리의 군 지도부의 피해 정도는 심각했습니다. 기술계는 대화형 지도를 설치하여 요구와 대상 자원을 우리가 확인하는 데 도움을 주었습니다. 또 월요일에는, 일곱 살 난 여자아이와 여성 두 명이 붕괴된 슈퍼마켓의 돌무더기에서 미국 구조대에 의해 구조되었는데 이는 여자아이와 여성 두 명이 도움을 요청하는 문자 메시지를 보냈기 때문에 가능했던 겁니다. 이러한 사례들이 훨씬 광범위한 현상을 보여주는 것입니다.

정보망의 확산은 우리 행성에 새로운 신경계를 형성하고 있습니다. 아이티나 후난에서 어떤 사태가 발생할 때, 나머지 우리들은 실시간으로 – 실제 사람들로부터 그 상황에 대해 알게 됩니다. 그리고 우리도 실시간으로 대응할 수 있습니다. 재난 직후 도우려던 미국인들과 슈퍼마켓에 갇힌 여자 아이는 1년 전 더욱이 한 세대 전에는 상상조차 하지 못했던 방식으로 연결되어 있습니다. 그와 같은 원리가 오늘날 거의 모든 인류에게 적용됩니다. 우리가 여기 앉아 있는 이 순간에도 여러분 중 누가 – 아마도 우리 어린이들 중 누군가가 많은 사람들이 매일 지니고 다니는 도구들을 꺼내서 이 논의를 전 세계 수십억 명에게 전송할 수 있습니다.

 19-03

Now, in many respects, information has never been so free. There are more ways to spread more ideas to more people than at any moment in history. And even in authoritarian countries, information networks are helping people discover new facts and making governments more accountable.

During his visit to China in November, for example, President Obama held a town hall meeting with an online component to highlight the importance of the Internet. In response to a question that was sent in over the Internet, he defended the right of people to freely access information, and said that the more freely information flows, the stronger societies become. He spoke about how access to information helps citizens hold their own governments accountable, generates new ideas, encourages creativity and entrepreneurship. The United States belief in that ground truth is what brings me here today.

여러 가지 면에서 정보가 그렇게 자유로웠던 적은 없었습니다. 역사에서 어느 때보다도 더 많은 사람들에게 더 많은 아이디어를 전파할 수 있는 더 많은 방법이 있습니다. 그리고 심지어 독재국가들에서도 정보망은 사람들이 새로운 사실을 발견해서 정부들로 하여금 보다 더 책임을 지게 하고 있습니다.

예를 들어, 오바마 대통령은 11월 중국 순방 중 인터넷의 중요성을 강조하기 위해 온라인으로 타운홀 미팅을 가졌습니다. 인터넷상으로 보내진 한 질문에 그는 사람들이 정보에 자유롭게 접속할 수 있는 권리를 방어하면서 정보가 더 자유롭게 유통되면 될수록 사회는 더 강해진다고 말했습니다. 오바마 대통령은 정보 접근이 어떻게 시민들이 그들 정부들이 책임을 지게 하는 것을 돕는지, 새로운 아이디어를 생산해내는지, 창의성과 기업가 정신을 장려하는지에 대해 얘기했습니다. 그 근본적인 진실에 대한 미국의 믿음이 오늘 저를 이곳에 오게 한 것입니다.

Now, pursuing the freedoms I've talked about today is, I believe, the right thing to do. But I also believe it's the smart thing to do. By advancing this agenda, we align our principles, our economic goals, and our strategic priorities. We need to work toward a world in which access to networks and information brings people closer together and expands the definition of the global community. Given the magnitude of the challenges we're facing, we need people around the world to pool their knowledge and creativity to help rebuild the global economy, to protect our environment, to defeat violent extremism, and build a future in which every human being can live up to and realize his or her God-given potential.

pursue 추구하다 | **align** 일직선으로 하다, 정렬시키다 | **magnitude** 규모

저는 오늘 제가 논한 자유를 추구하는 것이 옳은 일이라고 생각합니다. 하지만, 저는
또한 그건 현명한 일이라고 생각합니다. 우리는 이 의제를 추진함으로써 우리의 원칙
들, 우리의 경제적 목표와 우리의 전략적 우선 과제들이 합의에 이르게 합니다. 우리
는 네트워크와 정보에 대한 접근이 사람들을 더 가깝게 하고 국제 사회의 개념을 확
대하는 세계를 지향해야 합니다. 우리가 직면해 있는 도전들의 중요성을 감안하면,
우리는 전 세계 사람들이 그들의 지식과 창의성을 공유해서 글로벌 경제의 재건을 돕
게 하고 우리의 환경을 보호하고, 과격한 급진주의를 물리치고, 모든 인간이 신이 부
여한 잠재력을 발휘하여 실현할 수 있는 미래를 건설하게 해야 합니다.

 19-05

So let me close by asking you to remember the little girl who was pulled from the rubble on Monday in Port-au-Prince. She's alive, she was reunited with her family, she will have the chance to grow up because these networks took a voice that was buried and spread it to the world. No nation, no group, no individual should stay buried in the rubble of oppression. We cannot stand by while people are separated from the human family by walls of censorship. And we cannot be silent about these issues simply because we cannot hear the cries.

So let us recommit ourselves to this cause. Let us make these technologies a force for real progress the world over. And let us go forward together to champion these freedoms for our time, for our young people who deserve every opportunity we can give them.

Thank you all very much.

separated 분리된, 갈라선 | **censorship** 검열 | **recommit** 다시 위탁하다

그래서 그 여자아이가 월요일 포르토프랭스의 돌무더기에서 구조되었다는 것을 기억해줄 것을 부탁드리며 마무리하겠습니다. 그 아이는 살아 있습니다. 그 아이는 가족과 재회했습니다. 그 아이는 이 통신망이 묻혀 있던 목소리를 세계에 전파했기 때문에 성장할 기회를 가질 것입니다. 어느 나라도, 어느 그룹도, 어느 개인도 억압의 잔해에 묻혀 있어서는 안됩니다. 우리는 사람들이 검열의 벽에 의해 인간 가족으로부터 분리될 때 방관해서는 안됩니다. 우리는 우리가 단순히 그 소리를 들을 수 없다고 해서 이러한 문제들에 대해 침묵해서는 안 됩니다.

그러므로 우리 자신을 이러한 목표에 다시 헌신합시다. 이러한 기술들이 전 세계에서 진정한 발전을 위한 힘이 되게 합시다. 그리고 우리 시대, 우리가 그들에게 줄 수 있는 모든 기회를 누릴 자격이 있는 우리의 젊은이들을 위해 우리 함께 전진하여 이 자유를 지킵시다.

대단히 감사합니다.

Barnard Commencement Address

바너드 대학교 졸업식 연설

2009년 5월 18일, 바너드 대학교

컬럼비아 대학교의 바너드 대학 졸업식에서 행한 연설이다. 참고로 바너드 대학교는 미국 뉴욕 시 중심부 맨하탄에 위치한 여자 자유 인문 대학으로 웰슬리 대학, 스미스 대학, 마운트 홀리요크 대학, 브린모어 대학 등과 더불어 미국의 최고 여자대학으로 손꼽힌다

Thank you so much. I am thrilled to be here and to participate in this important commencement of this great university – this great college, because I, too, am a graduate of a women's college and I think it's the best investment that I and my parents ever made. It is my honor, therefore, to join you in celebrating. And I want to congratulate all of the student speakers, who I thought did an excellent job in expressing the feelings and the aspirations of this class.

I am honored to be in the company of my fellow honorees, each of whom has so well deserved this medal. And I want to congratulate your president on a brilliant first year as the head of Barnard. And I want to thank another woman who has had not only an impact on this college over the years, but on me personally, and that is the wise and wonderful Anna Quindlen. Her writing has helped to shape the public debate on issues affecting women, families, and all Americans. Her final column, which ran this week, was about making way for the next generation. And as always, Anna's message rings true, especially as we honor this class of graduates.

대단히 감사합니다. 이 자리에 서게 되고 이 훌륭한 대학교 – 이 훌륭한 대학의 이 중요한 졸업식에 참여하게 되어 흥분되는군요. 왜냐하면 저 역시 여자 대학교 졸업생이고 저는 저와 저의 부모님이 가장 잘한 투자라고 생각하기 때문입니다. 그렇기 때문에 저도 축하에 동참할 수 있어 영광으로 생각합니다. 그리고 저는 모든 학생 연사들에게 축하의 말을 전하고 싶습니다. 저는 학생 연사들이 이번 졸업반 학생들의 생각과 야망을 훌륭하게 표현했다고 생각합니다.

저의 동료 수상자들과 함께하게 되어 영광입니다. 이분들 모두 다 이 메달을 받을 만한 충분한 자격을 갖추셨지요. 그리고 바너드 책임자로서 첫해 놀라운 성과를 내신 여러분의 총장님께 축하를 전하고자 합니다. 또 지난 몇 해 동안 이 대학뿐만 아니라 개인적으로 제게도 영향을 주신 또 다른 여성분에게 감사를 전하고 싶습니다. 그 분은 현명하고 훌륭한 애너 퀸들런이십니다. 그녀의 글은 여성, 가족과 모든 미국인들에게 영향을 주는 문제들에 대한 공개 토론을 형성하는 데 도움을 주었습니다. 이번 주 게재된 그녀의 마지막 칼럼은 차세대에게 길을 터주는 것에 관한 내용이었습니다. 늘 그래왔지만, 특별히 이번 졸업생들에게 학위를 수여하면서 그녀의 메시지는 정말 처럼 들립니다.

We are meeting at a time of unprecedented opportunity and achievement for women. As you've already heard, women are serving at the highest levels of government here in the United States and around the world, in business, in academia, in the professions. We are presiding over companies and colleges, running philanthropies and laboratories, and breaking new ground as artists and activists and athletes.

Today, we are celebrating a class and an institution that is always ahead of the rest. This is a milestone of 120 years of educating women, of furthering scholarship, and serving the City of New York, and the people of the world.

Now, it is easy to forget that when Barnard first opened its doors in 1889, higher education for women was viewed with great suspicion. And many women and men labored for years to make this college possible. And even after Barnard finally came into being, they had to spend even more years convincing the world there was nothing to fear about women's education and that the work being done here was truly a good thing.

academia 학계 | **philanthropy** 자선, 자선 활동, 자선 사업 | **further scholarship** 학문을 발전시키다 | **come into being** 태어나다

우리는 여성들에게 전례없이 기회가 주어지고 성취가 이루어지는 시대에 만나고 있습니다. 이미 들으신 바와 같이, 여성들은 여기 미국을 비롯한 전 세계 정부의 최고 직위에서 일하고 있고, 기업, 학계, 전문직에서도 일하고 있습니다. 우리는 회사와 대학을 주재하고, 자선사업과 연구실을 운영하고 예술가로서, 활동가로서, 운동선수로서 신기원을 이룩하고 있습니다.

오늘, 우리는 나머지 다른 곳들보다 항상 앞서 가는 한 졸업생들과 대학을 축하하고 있습니다. 이것은 120년 동안 여성들을 교육시키고, 학문을 발전시키고, 뉴욕시와 전 세계인들을 위한 봉사의 이정표입니다.

바너드 대학이 1889년 처음 문을 열었을 때, 사람들은 여성들을 위한 고등교육을 의심스러운 눈으로 바라봤습니다. 많은 남성과 여성들이 이 대학이 성공할 수 있도록 하기 위해 수년간 열심히 노력했는데, 마침내 바너드 대학이 설립된 후에도 그들은 여성교육에 대해 두려워할 게 없고 이곳에서 행해지는 일은 정말로 좋은 것이라고 세계를 상대로 설득하느라 훨씬 더 많은 기간을 보내야 했습니다.

Now, rumors still flew for decades about what exactly went on at Barnard. Finally, in 1912, the New York Times decided to investigate. It had published a long interview with the great dean of Barnard, Virginia Gildersleeve, which ran under the headline – and I quote – "College Girls Are Healthy, Normal American Girls." I'm sure that the readers of the Times found that reassuring. And a few decades later, the editors and reporters did as well.

In fact, Dr. Gildersleeve made a persuasive case for why Barnard – and women's education in general – is actually crucial to our society. She talked about how the college broadened its students, exposed them to new ideas and perspectives, introduced them to people from different backgrounds. She said that was a force not only for good for these women but for their communities. As she put it, "We do not teach manners. But we do teach manner. Poise, interest, tolerance and understanding – these are the things that college life teaches."

바너드 대학이 정확히 어떻게 돌아갔는지에 대한 설이 수십 년간 떠돌아다녔어요, 결국 1912년 뉴욕 타임즈는 알아보기로 했습니다. 타임즈는 바너드 대학의 위대한 학장이신 버지니아 길더슬리브와의 장시간 인터뷰를 실었습니다. 이 게재된 인터뷰 기사의 제목은 '여대생들은 건강하고 정상적인 미국 소녀들'입니다. 저는 타임즈 독자들이 그것을 보고 안심했을 것이라고 확신합니다. 2~30년 후 편집자들과 기자들도 마찬가지였을 겁니다.

사실, 길더슬리브 박사는 왜 바너드가 – 그리고 일반적으로 여성 교육이 – 우리 사회에 실제로 아주 중요한가에 대해 설득력 있는 주장을 폈습니다. 그녀는 바너드 대학이 어떻게 학생들을 넓혀서 새로운 아이디어와 시각에 노출시키고, 그들을 다른 배경을 가진 사람들에게 소개했는가를 논했습니다. 그녀는 그것이 이런 여성들뿐만이 아니라 그들의 지역사회에 긍정적으로 기여할 수 있는 힘이었다고 말했습니다. 그녀의 말에 따르면, "우리는 풍속을 가르치지 않습니다. 하지만 우리는 예의범절을 가르칩니다. 평형, 관심, 관용과 이해 – 이런 것들이 대학 생활에서 배워가는 것들입니다."

Now, the context may have been different then, but the vision behind it is much the same. Just as those early Barnard students were being prepared for a world beyond their personal horizons, you have been prepared for global citizenship in the interconnected world of the 21st century. You are coming of age at a time of unprecedented challenges: war and terrorism, climate change and economic recession, extreme poverty and extreme ideologies, the proliferation of disease and nuclear weapons. These challenges transcend borders and oceans, politics and ideology, and they affect us all. But the same interconnectedness that amplifies these global challenges also makes it possible for us to solve them, and for you to help lead us to the solutions.

그때는 상황이 달랐을지 모르지만 그 뒤에 숨겨진 비전은 거의 같습니다. 설립 초기의 바너드 학생들이 그들의 개인적인 시야를 넘은 세계를 준비했던 것처럼, 여러분은 상호 연결된 21세기 세계의 글로벌 시민이 되기 위해 준비해오셨습니다. 여러분은 전례없는 도전의 시기에 성년이 되고있습니다: 전쟁과 테러리즘, 기후 변화와 경기 불황, 극심한 가난과 급진 사상, 질병과 핵무기 확산들 말입니다. 이러한 도전들은 국경과 대양, 정치와 사상을 초월하고 우리 모두에게 영향을 미칩니다. 하지만 이러한 세계적 난제들을 증폭시키는 그 동일한 상호연결성은 또한 우리가 그 도전들을 해결하게 해주고 여러분이 우리를 해법으로 이끌 수 있도록 해줍니다.

NYU Commencement Address

뉴욕 대학교 졸업식 연설

2009년 5월 13일, 뉴욕 양키 스타디움

지금까지 무려 36명의 노벨상 수상자를 배출한 미국의 명문 뉴욕 대학교에서 행한 연설이다. 이 대학은 수십 명의 노벨상 수상자 배출이 확인해주는 바와 같이 연구 중심 사립대학이다.

I am honored to receive this degree. And on behalf of the other honorees, I say thank you. Thank you for giving us this singular privilege of being part of this commencement ceremony. As I look out at this huge crowd of graduates, family, and friends, I can only reflect on what an extraordinary moment in history you are receiving your degrees, a moment in time of our country and the world where your talents and your energy, your passion and commitment is more needed than ever. There is no doubt that you are well prepared for a world that seems somewhat uncertain but which will welcome the education that you have received on behalf not only of yourselves and your families, but your communities and your country.

As Secretary of State, I am well aware of the challenges that we face. You, as new graduates, and your generation will be up against those challenges: climate change and hunger, extreme poverty and extreme ideologies, new diseases and nuclear proliferation. But I am absolutely convinced that you and we are up to the task. There is no problem we face here in America or around the world that will not yield to human effort, to cooperation, to positive interdependence that makes clear humanity is going on, our challenges are ones that summon the best of us, and we will make the world better tomorrow than it is today.

이 학위를 받게 되어 영광입니다. 그리고 다른 학위 수상자들을 대신해서 감사의 말을 전합니다. 이 졸업식에 참여하는 특별한 영광을 주셔서 감사합니다. 엄청난 무리의 졸업생, 가족, 친구들을 보면서 저는 여러분이 여러분의 재능과 에너지, 열정과 헌신이 그 어느 때보다 더 필요한 우리나라와 세계 역사의 한 시점인, 역사에서 특별한 시점에 학위를 받고 있다고 생각할 뿐입니다. 여러분이 다소 불확실해 보이긴 하지만 여러분 자신과 가족들뿐만 아니라 여러분의 지역사회와 조국을 위해 대학에서 받은 교육을 환영하게 될 세계에 잘 준비되어 있다는 것에는 의심의 여지가 없습니다.

국무장관으로서 저는 우리가 직면해 있는 난제들을 잘 알고 있습니다. 갓 졸업생들인 여러분과 여러분의 세대는 그러한 도전들에 직면하게 될 것입니다: 기후 변화와 기아, 극심한 가난과 극단적인 이데올로기, 새로운 질병과 핵무기 확산 말입니다. 하지만 저는 우리가 감당할 수 있다고 확신합니다. 이곳 미국이나 전 세계에서 우리가 직면한 문제들 중 인간의 노력, 협력, 인류를 전진하게 하는 긍정적인 상호 의존에 굴복하지 않는 문제는 없고, 우리의 도전들은 우리가 최고의 능력을 발휘하게 해주는 것들이라 우리는 미래에 이 세상을 현재보다 더 낫게 만들 것입니다.

 21-02

Now, I know we cannot send a special envoy to negotiate with a pandemic, or call a summit with carbon dioxide, or sever relations with the global financial crisis. To confront these threats and to seize the opportunities that they also present, we need to build new partnerships from the bottom up, and to use every tool at our disposal. That is the heart of smart power. But smart power requires smart people, people who have gone the distance for their education, who have opened themselves up to this increasingly complex and interconnected world, and this changing global landscape requires us to expand our concept of diplomacy.

Now, when I was graduating so many years ago, diplomacy was the domain of privileged men working behind closed doors. Today, our diplomats are not limited, and our diplomacy is no longer confined to the State Department or our embassies. We are laying the foundation for 21st century statecraft. Where? In the classrooms of NYU, in the board rooms of the businesses of this great city, in the halls of academia, in the operating rooms of our great hospitals. We are looking for those personal commitments and connections, and that is where all of you come in.

pandemic 유행병, 전염병 | **summit** 정상회담 | **carbon dioxide** 이산화탄소 | **confront** 맞서다 |
board room 회의실

저는 우리가 전국적인 유행병과 협상하기 위해 특사를 보내거나 이산화탄소와의 정상 회담을 소집하거나 글로벌 금융위기와 관계를 끊을 수 없다는 것을 압니다. 이러한 위협에 맞서고 그것들이 또한 제공하는 기회를 이용하기 위해 우리는 새로운 동반자 관계를 철저히 구축하고 우리가 마음대로 이용할 수 있는 모든 도구들을 이용해야 합니다. 그게 스마트파워의 핵심입니다. 하지만 스마트파워는 스마트한 사람들, 자신들의 교육을 끝까지 마친 사람들로서 이 점점 더 복잡해지고 상호 연결된 세상에 마음을 터놓은 사람들을 필요로 하고 이 변화하는 글로벌 상황은 우리에게 우리의 외교 개념을 확대해줄 것을 요구합니다.

꽤 오래전 제가 졸업하던 시절에 외교는 비밀리에 일하는 특권층의 영역이었습니다. 오늘날, 우리 외교관들은 제한되어 있지 않고 우리 외교는 더 이상 국무부나 우리 대사관에 제한되어 있지 않습니다. 우리는 21세기 외교기술의 토대를 놓고 있습니다. 어디에서? 뉴욕 대학교의 강의실에서, 이 위대한 도시의 기업 회의실에서, 학계의 복도에서, 우리의 대형 병원의 수술실에서입니다. 우리는 개인적인 헌신과 인맥을 찾고 있고 여러분 모두 그러한 개인적 헌신과 인맥을 제공할 수 있는 사람들입니다.

 21-03

The biggest challenges we face today will be solved by the 60 percent of the world's population under the age of 30. And already, young people, like all of you, are using their talents and ingenuity to help fashion their own brand of service and diplomacy.

A few examples: In the nation of Colombia, two young college graduates, fed up with the violence in their country, used Facebook to organize 14 million people into the largest antiterrorism demonstrations in the history of the world. In a few short weeks, their peaceful efforts did as much damage to the terrorist networks as years of military action.

오늘날 우리가 직면하는 최대 난제들은 30세 미만의 세계 인구 중 60%에 의해 해결
될 것입니다. 그리고 이미 여러분과 같은 젊은이들은 그들만의 서비스와 외교 브랜드
를 만들기 위해 자신들의 재능과 창의력을 이용하고 있습니다.

몇 가지 예를 들자면, 콜롬비아에서는 자국의 유혈사태에 질린 젊은 대학 졸업자 두
명이 페이스북을 이용해 1,400만 명의 조직을 만들었는 데 이들은 세계 역사상 가장
큰 규모의 반테러 시위를 벌였습니다. 단 몇 주 만에 이들의 평화적인 노력이 수년간
의 군사 행동만큼 테러망에 큰 타격을 가했던 겁니다.

I know that one of your graduates spent months on the slopes of Mount Kilimanjaro searching for sustainable development models to bring to women and families and help them lift themselves out of poverty. Another of your classmates was studying in China last year when the devastating earthquake struck, and that has led to work ever since to deliver supplies and assistance to villagers in remote areas. International students have gone on to fight for human rights in Rwanda, build civil society in the nation of Georgia, run businesses, and lead governments. And many of you, I know, used social networking platforms to make Barack Obama the President of the United States of America.

President Obama and I deeply understand how important it is for the young people of our country, but the young people of every country, to be given the opportunity to translate your beliefs and ideals into service and action, just as John Kennedy did when he created the Peace Corps and as President Bill Clinton did when he created AmeriCorps. This is in the tradition of citizen service.

Check the Vocabulary

sustainable 지속 가능한 | **devastate** 완전히 파괴하다 | **in the tradition of** ~와 비슷한

저는 뉴욕대 졸업생 중 한 명이 킬리만자로 산비탈에서 수개월을 보내면서 여성들과 가족들로 이끌어 그들을 가난에서 벗어나게 해줄 지속 가능 모델을 찾았다는 것을 알고 있습니다. 여러분의 급우 중 또 다른 한 명은 강력한 지진이 발생했던 지난 해 중국에서 연구 중이었는데 이것은 이후 먼 지역에 있는 마을 주민들에게 물자와 도움을 전달하는 계기가 되었습니다. 유학생들이 르완다에서 인권을 위해 싸웠고, 조지아에서는 시민사회를 건설하고, 사업을 운영하며 정부를 이끌기 위해 싸웠습니다. 그리고 여러분 중 많은 분들이 소셜 네트워크를 사용하여 버락 오바마를 미국의 대통령으로 만들었다는 것을 저는 알고 있습니다.

오바마 대통령과 저는 우리나라 젊은이들만이 아니라 모든 국가의 젊은이들에게 신념과 이상을 봉사와 행동으로 옮길 수 있는 기회가 주어지는 것이 대단히 중요하다는 것을 깊이 이해하고 있습니다. 존 케네디가 평화 봉사단을 창설하고, 빌 클린턴 대통령이 어메리코어를 창설했던 것처럼 말이죠. 이것은 대민서비스와 비슷한 유형입니다.

Swearing-in Ceremony Speech

국무장관 취임 연설

2009년 2월 2일, 워싱턴 D.C. 국무부

힐러리 클린턴은 이날 밝고 자신만만한 표정으로 국무장관 취임 연설을 한다. 미국 대통령을 꿈꾸다 아깝게 오바마에게 고배를 들었지만 오바마 대통령 당선자의 제안으로 미 국무부를 이끈 클린턴은 역대 어느 국무장관들보다도 미 국무부를 효율적으로 운영했다는 평가를 받고 있다.

 22-01

Thank you all very much. Thank you. Thank you. Thank you. It is an overwhelming honor to be sworn in to assume this position on behalf of our country. I thank my dear friend, Vice President Biden, and I thank President Obama for investing the trust and confidence in me during a particularly challenging time in our nation's history. I look out and see so many friends and colleagues. I particularly want to thank the Speaker and the Majority Leader, Speaker Pelosi and Leader Reid for being here and for providing the leadership that you both are doing in the Congress.

I also want to thank my colleagues in government and my former partners in the Congress. I am very grateful to all the members of the House who are here today, and particularly those with whom I served over eight wonderful years who represent New York. And I'm very grateful to all of you.

overwhelming 압도적인, 엄청난 | **particularly** 특별히

대단히 감사합니다. 감사합니다. 감사합니다. 감사합니다. 나라를 대표하는 이 자리
에 취임 선서하게 되어 대단한 영광입니다. 저의 소중한 친구인 바이든 부통령과 우
리 역사에서 특히 어려운 시기에 저를 신뢰하고 믿어주신 오바마 대통령에게 감사드
립니다. 아주 많은 친구들과 동료들이 보이네요. 특별히 저는 의장님과 다수당 원내
대표님이신 펠로시 하원 의장님과 레이드 원내 대표님께서 이 자리에 참석해주시고
두 분 모두 의회에서 리더십을 보여주고 계신 데 대해 감사드립니다.

정부의 제 동료들과 의회의 전 파트너들에게도 감사의 말을 전하고 싶습니다. 오늘
이 자리에 참석해주신 하원의 모든 의원님들과 특별히 지난 8년 동안 뉴욕을 대표해
서 저와 함께 봉사한 분들에게 깊이 감사드립니다. 그리고 여러분 모두에게 정말 감
사드립니다.

And to my friends in the Senate, I see the faces of people with whom I have shared so much, and I am deeply grateful to each and every one of you. But I have to single out the Chairman of the Foreign Relations Committee who, after all, presided over my confirmation, for which I am very grateful, Senator Kerry. And I look forward to working with all of you, particularly the appropriators who are here this afternoon. We have a lot of work to do and it is such important work that lies ahead. I also want to thank two wonderful friends of mine, governors, Governor Corzine from New Jersey, and Governor O'Malley from Maryland who are here.

And I am particularly honored to have four of my predecessors with us today. I have sought their advice and their counsel and I have to publicly thank each and every one of them. With us today, Secretary Kissinger and Secretary Baker and Secretary Eagleburger and, of course, my dear friend and fellow Wellesley alum Secretary Albright. And I also want to thank Secretary Rice and Secretary Powell and Secretary Shultz, with whom I had a wonderful visit just last week when he came to the seventh floor, and Secretary Haig – all of the former secretaries of state who have been so generous with their time. And I think I can predict I will be asking for advice as we move forward.

senate 상원 | **preside** 주재하다, 주도하다 | **appropriator** 세출위원회 위원 | **predecessor** 전입자 | **secretary** 장관

상원의 제 친구들에게 전합니다. 저와 아주 많은 것을 공유해온 분들의 얼굴이 보이는 데 여러분 한 분 한 분에게 깊이 감사드립니다. 하지만 저는 상원외교위원회 위원장님을 지목하지 않을 수 없습니다. 결국 제 인준을 주재하셨는데 케리 상원의원님, 저는 이에 대해 매우 감사합니다. 그리고 여러분 모두, 특히 오늘 이 자리에 참석하신 세출위원회 위원들과 함께 일하기를 기대합니다. 우리에게는 해야 할 일이 많고 대단히 중요한 일이 앞에 놓여 있습니다. 저는 또한 이 자리에 나와주신 저의 훌륭한 두 친구들인 코진 뉴저지 주지사와 오말리 메릴랜드 주지사에게 감사드리고 싶습니다.

그리고 오늘 네 분의 전임 장관님들이 우리와 함께 해주신 것을 특별한 영광으로 생각합니다. 이분들의 충고와 조언을 구해온 저는 네 분 모두에게 공개적으로 감사드립니다. 오늘 우리와 함께해주신 키신저 장관님, 베이커 장관님, 이글버거 장관님 그리고 물론 저의 소중한 친구이자 동료이며 웰슬리 동문이신 올브라이트 장관님께 감사드리고 저는 또한 라이스 장관님, 포웰 장관님, 바로 지난주 7층에 오셨을 때 즐거운 만남을 가졌던 슐츠 장관님과 헤이그 장관님께 감사드리고 싶습니다 – 전임 장관님 모두 아주 기꺼이 시간을 내주셨습니다. 그래서 저는 앞으로도 일을 해나가면서 조언을 구하게 될 것으로 예상합니다.

 22-03

Because this ceremony takes place at a real hinge of history time, there is so much that lies ahead in terms of challenges, but also opportunities. When I came into this building for the first time a week or so ago now, I told the assembled State Department employees, and then repeated it again at USAID, that we are all on the same team, and it is America's team. And we have, in the leadership of President Obama, someone who wants us to reach out to the world, to do so without illusions, understanding that the difficulties we face will not be wished away, but meeting them forthrightly and smartly, and that we want to seize the opportunities that exist as well.

이 취임식이 역사적 전환점에 열리기 때문에 아주 많은 난제들이 앞에 놓여 있기는 하지만 기회도 많습니다. 제가 일주일 전쯤 이 건물에 처음 들어왔을 때 저는 집합한 국무부 직원들에게 우리 모두 같은 팀인데 그 팀은 미국의 팀이라고 말했고 이 말을 다시 국제개발처에서도 말했습니다. 그러니까 우리는 우리가 세계에 뻗치기를 바라는 오바마 대통령의 영도하에 착각하지 않고 그렇게 해야 합니다. 직면한 난제들이 우리가 바라는 대로 없어지지 않을 것이라는 것을 이해하고 이 난제들에 솔직하고 현명하게 대처해서 역시 존재하는 기회들을 포착하기를 바라면서요.

I talked in my confirmation hearings about smart power. Well, smart power relies on smart people, and we have an abundance of them in this building and at USAID. But I've also told my teammates in the State family that we're going to have to be smarter about how we do what we must for our country. There are many ways that we can improve on what we do on a daily basis. And I want to work with my friends in Congress on behalf of our Administration to really look for those efficiencies and those changes that will make what we do more effective, more cost-effective, so that we can be out there around the world delivering America's message, certainly doing all we must to protect and defend our security, but also advancing our interests and furthering our values.

I'm excited by seeing so many familiar faces. There are friends in this audience who have known me my entire life. And there is the next generation, you know, my niece and my two nephews who are here. I get up every morning thinking about what I must do to make this world of ours safer and more prosperous and to make our country all that it can be. As difficult as the times are, I am an optimist. I believe that we can do what we set our minds to do. And so it is the power of our ideals and the intelligence and dedication of our people.

confirmation 확인 | **abundance** 풍부 | **niece** 조카딸 | **nephew** 조카아들 | **dedication** 헌신, 성실

저는 인준 청문회때 스마트파워에 대해 말씀드린 바 있습니다. 음, 스마트파워는 똑똑한 사람들에 의지하는데, 여기 국무부와 국제개발처에는 똑똑하신 분들이 많습니다. 하지만 저는 또한 국무부 가족의 팀원들에게 우리가 조국을 위해 해야 할 일을 어떻게 하는가에 대해 더 똑똑해야 할 것이라고 말했습니다. 우리가 매일 하는 일을 향상시킬 수 있는 방법들이 많습니다. 그래서 저는 행정부를 위해 의회 내 제 친구들과 함께 그 효율성과 우리가 하는 것을 보다 효과적이고 보다 비용효과를 크게 만들 그러한 변화들을 진정으로 찾아서 전 세계에 미국의 메시지를 전하고 우리의 안보를 지키고 방어하기 위해 우리가 해야 하는 모든 일을 확실히 할 뿐만 아니라 우리의 이익을 증진시키고 우리의 가치를 높일 수 있기를 바랍니다.

아주 많은 낯익은 얼굴들을 만나게 되어 기분이 좋습니다. 여러분 중에는 평생 동안 알고 지내온 친구들이 있습니다. 다음 세대인 제 조카딸과 조카 두 명도 여기 와 있습니다. 저는 매일 아침 우리가 사는 이 세상이 더 안전하고 더 잘 살게 하기 위해, 우리나라를 가능한 한 최상으로 만들기 위해 내가 무엇을 해야 하는가를 생각하며 일어납니다. 현 시기가 어렵긴 하지만 저는 낙관주의자입니다. 저는 우리가 하려고 맘먹는 일은 할 수 있다고 믿습니다. 그게 우리 이상의 힘이며 우리 국민의 지성과 성실한 자세입니다.

22-05

I could not be standing here before you today without all of you, but in particular, the three people who stand with me on this stage. It's literally true I wouldn't be here without my mother. And so I – I'm especially delighted that she can be with me. And to my daughter, who I am just bursting with maternal pride over, but who I look to also for advice and, frankly, for some cultural cues that I might otherwise miss.

And finally, to my husband, who understands so well the awesome responsibilities resting on the shoulders of President Obama and Vice President Biden and all of us who serve with them. I am so grateful to him for a lifetime of all kinds of experiences – which have given me a – which have given me an extraordinary richness that I am absolutely beholden to and grateful for.

여러분 모두가 없었더라면 오늘 이 자리에 여러분 앞에 설 수 없었을 겁니다. 특히 이 단상에 저와 함께 서 있는 세 명이요. 문자 그대로 저의 어머니가 없었더라면 저는 이 자리에 없었을 겁니다. 그래서 저는 저의 어머니가 참석해주셔서 특히 기쁩니다. 그리고 제 딸은 엄마로서의 자부심이 넘치게 하기도 하지만 딸에게 조언을 기대하기도 합니다. 솔직히 말씀드리면 제가 놓칠 수도 있는 문화적 단서들에 대해서 말입니다.

끝으로 제 남편은 오바마 대통령, 바이든 부통령, 그들과 함께 일하는 우리 모두의 어깨에 놓여 있는 막중한 책임을 잘 압니다. 저는 남편의 평생 동안 쌓아온 모든 종류의 경험에 매우 감사합니다. 이 경험은 저를 엄청나게 풍요롭게 했습니다. 이에 대해 정말 큰 은혜를 입고 있고 고맙게 생각하고 있습니다.

Senate Farewell Speech

상원 작별 연설

2009년 1월 19일, 미 상원

상원 인준 청문회가 끝난 후, 같이 일했던 동료 의원들과 직원들에게 그동안의 협력과 노고에 대해 감사를 표하는 모습에서 클린턴이 친화력이 강하고 대인관계가 좋으며, 신임 국무장관으로서의 자질이 충분하다는 것을 확인할 수 있다.

Thank you Mr. President. And I am so honored to be here at the same time with my friend and a colleague whom I admire so much and have such great affection for – the Vice President-elect Joe Biden. I listened with great enthusiasm and a lot of sentiment to the speech that he delivered just a few minutes ago. And the way he evoked the Senate and the relationships that are developed here and the work that is done on behalf of our country was as good as I've ever heard.

And so I am deeply honored and privileged to be here with him and to address this chamber as a senator from the great state of New York, perhaps, if I am confirmed, for the very last time; and particularly amongst colleagues who I have come to respect and like so much, and whose work I believe is always in the best interest of their states and their country, even when we are not in agreement.

I'm gratified by the support and vote of confidence I received earlier this morning from the Senate Foreign Relations Committee, and I am eager, should I be confirmed, to get to work with the president-elect and with the vice president-elect and with all of you.

감사합니다. 의장님, 저는 제 친구이자 제가 깊이 존경하고 대단한 애정을 갖고 있는 동료인 조 바이든 부통령 당선자와 함께 이곳에 서게 되어 대단한 영광입니다. 저는 아주 열정적으로 많은 감정을 느끼면서 그가 몇 분 전 행한 연설을 들었습니다. 그리고 그가 상원과 이곳에서 형성되는 관계와 우리 조국을 위해 수행되는 일을 환기시킨 방식은 지금까지 들어본 것 중 가장 훌륭한 것이었습니다.

그래서 저는 위대한 뉴욕 주 상원의원으로서, 그와 함께 서고 이 의회에서 연설하게 된 것을 대단히 영광스럽게 생각합니다. 이것을 끝으로, 제가 인준된다면, 특히 제가 존경하게 되었고 아주 좋아하는 동료들 속에서 말입니다. 제가 생각하기에 제 동료들의 일은 언제나 그들 주와 나라의 최선의 이익이 되고 있습니다. 심지어 우리가 서로 의견을 달리할 때도요.

저는 오늘 아침 일찍 상원 외교위원회로터 받은 지지와 신임 투표로 기쁩니다. 제가 인준된다면, 대통령 당선자, 부통령 당선자, 여러분 모두와 함께 일을 시작하게 될 것이 고대됩니다.

I have loved being in the Senate. Working alongside public servants of both parties who bring their expertise and enthusiasm to the difficult, painstaking, and, occasionally, contentious work of turning principles into policy and policy into law. I also have been fortunate during these past eight years to have been served by what I objectively believe is the best Senate staff ever in Washington and throughout New York. This incredible group of people have been assembled, lead, and inspired by my chief of staff and my friend, Tamera Luzzatto.

And, Mr. President, I would like to submit for the record the names of all those with whom I have worked over the last eight years, because I could not be standing here speaking to you were it not for them. And I will also submit to the record a catalog of the work and achievements which they have brought about.

painstaking 공들인, 힘든 | **contentious** 논쟁을 가져올 수 있는 | **assemble** 모이다, 모으다 |
submit 제출하다

저는 상원에서 일하는 것을 좋아했습니다. 양당의 공무원들과의 일을 좋아했는데, 이 분들은 그들의 전문지식과 열정을 어렵고, 힘들며, 때로 원칙을 정책으로, 정책을 법으로 전환시키는 논란을 일으키는 일에 가져오시죠. 또한 운 좋게도 지난 8년 동안 제가 객관적으로 봐서 워싱턴과 뉴욕을 통틀어 최고의 상원 직원들이 저를 위해 일해 주셨습니다. 이 놀라운 무리의 사람들은 저의 비서실장이자 제 친구인 타메라 루짜토에 의해 모이고, 이끌리고, 고무되었습니다.

또, 의장님, 저는 지난 8년 동안 저와 함께 일한 모든 분들의 이름을 기록을 남기기 위해 제출하고 싶습니다. 왜냐하면 그분들이 없었다면 저는 이 자리에 설 수 없었기 때문입니다. 그리고 저는 또한 그분들이 해낸 일과 업적의 목록을 기록 보관소에 제출하고 싶습니다.

And finally, to my fellow New Yorkers, I want to express my profound gratitude. I loved being your senator. Serving you has been the opportunity of a lifetime, and it gave me the chance to continue the work of my life: to advocate on behalf of every single child's chance to live up to his or her God-given potential; to fight hard for those who too often do feel invisible; to remedy wrongs like I hope we all do either today or in the next days to pass the Lilly Ledbetter Fair Pay Act as well as the Pay Check Fairness Act; to do what we know will give our fellow Americans a better shot at the kind of future that is within their grasp.

And I've had a lot of fun: Eight state fairs, 45 parades, 62 counties, more than 4,600 events across the state. I look back wistfully, and I look forward hopefully. I now, if confirmed, will have the high honor of serving our country in a new role, but I will be sustained and directed by the same values that have motivated me for nearly four decades in public service.

And so to my colleagues in the Senate, thank you. You have been wonderful teachers and mentors, and very good friends; and to the superb Democratic staff and their Republican counterparts who keep this chamber going day in and day out, no matter how late we're here and how long the workload turns out to be.

remedy 치료하다 | **grasp** 움켜쥐다 | **state fair** 주 공진회 | **wistfully** 깊이 생각에 잠기어, 아쉬운 듯이

끝으로 저는 친애하는 뉴욕시민들에게 심심한 감사의 말을 전하고 싶습니다. 저는 여러분의 상원의원인 것을 좋아했습니다. 여러분을 섬기는 것은 일생의 기회였고 그건 제게 제 필생의 사업을 계속할 수 있는 기회를 주었습니다: 즉, 모든 아이가 신이 부여한 잠재력을 발휘할 기회를 갖도록 지지하는 일, 무시당하는 기분을 너무 자주 느끼는 분들을 위해 열심히 노력하는 일, 제가 우리 모두 급료 공정법은 물론 릴리 레드베터 공정 임금법안을 오늘이나 다음에 통과시키기 위해 하기를 바라는 것처럼 잘못을 바로잡는 일, 우리가 우리의 친애하는 미국시민들에게 더 좋은 기회를 줄 것으로 알고 있는 것을 해서 그들이 잡을 수 있는 미래를 갖도록 하는 일을 말입니다.

그리고 정말 즐거웠습니다. 8번의 주 공진회, 45번의 퍼레이드, 62개 군, 주 전역에서 4,600번이 넘는 행사들 말입니다. 저는 아쉬운 듯이 뒤돌아보고, 희망을 가지고 앞쪽을 봅니다. 이제 저는 인준이 된다면, 새로운 역할에서 조국에 봉사하는 대단한 명예를 갖게 될 것입니다. 하지만 저는 공직에 몸담았던 근 40년 동안 저에게 동기부여를 해준 그 동일한 가치관에 의해 지속되고 인도될 것입니다.

상원의 동료들에게 감사드립니다. 여러분은 저의 훌륭한 선생님, 조언자와 정말 좋은 친구들이었습니다. 그리고 우리가 여기에서 얼마나 늦게까지 일하든 해야 할 업무량이 얼마나 많든 관계없이 이 의회가 매일 기능하게 해주는 뛰어난 민주당과 공화당 직원 여러분들에게도 감사의 말을 전합니다.

 23-04

And to my own staff here and across New York, to my supporters, and most of all to the people of that great Empire State, I may not have always been a New Yorker, but I know I always will be one. New York, its spirit and its people, will always be part of me and of the work I do.

And I look forward to continuing my association with this body. We have much to do over in Foggy Bottom, and we need your help to kind of clear up the fog; to give us a chance to really operate on all cylinders with the direction and the resources and the improved management techniques that I hope to bring to the job.

This is a challenging and defining moment. But I will always keep faith in this body and in my fellow Americans. And I remain an optimist that America's best days are still ahead of us. Mr. President, I ask consent to submit my entire statement for the record.

Thank you.

여기와 뉴욕 전역의 제 직원들, 저의 지지자들, 무엇보다도 이 위대한 뉴욕 주 주민들이여, 제가 언제나 뉴욕 주 사람은 아니었을지도 모릅니다. 하지만 저는 항상 뉴욕 주 사람일 것이라는 건 압니다. 뉴욕, 뉴욕의 정신과 뉴욕 사람들은 늘 저와 제가 하는 일의 일부일 것입니다.

저는 이 의회와의 저의 관계를 지속하기를 기대합니다. 우리는 여기 국무부에서 할 일이 많습니다. 그리고 안개를 걷히게 하고, 우리에게 기회를 주셔서 제가 업무에 가져오고 싶어하는 방향과 재원과 향상된 운영 기술에 있어서 정말 원활하게 돌아가게 하기 위해서는 여러분의 도움이 필요합니다.

지금은 어렵고 중대한 시기입니다. 하지만 저는 언제나 이 의회와 친애하는 미국 시민들을 믿습니다. 그리고 저는 여전히 미국의 최전성기가 아직 우리 앞에 놓여 있다고 생각하는 낙관주의자입니다. 의장님, 저는 기록을 위해 저의 전 발언을 제출하는 것에 대한 승낙을 요청하는 바입니다.

감사합니다.

Senate Confirmation Hearing Speech

상원 인준 청문회 연설

2009년 1월 13일, 미 상원

상원의원들 앞에서의 연설이라 그런지 평소 클린턴답지 않게 말을 좀 빨리 하면서 연설해나간다. 따라서 이 연설문은 청취력 강화 훈련에 아주 많은 도움이 될 것으로 본다. 클린턴의 모든 연설문이 다 그렇지만 유난히 단어 선택에 공을 많이 들인 명연설문이다.

Mr. Chairman, I join in offering my congratulations as you take on this new role. You've traveled quite a distance from that day back in 1971 when you testified here as a young Vietnam veteran. You have never faltered in your care and concern for our nation, its foreign policy and its future, and America is in good hands with you leading this committee.

It is an honor and a privilege to be here this morning as President-elect Obama's nominee for secretary of state. I am deeply grateful for the trust and keenly aware of the responsibility that the president-elect has placed in me to serve our country and to serve our people at a time of such grave dangers and great possibilities. If confirmed, I will accept the duties of the office with gratitude, humility and firm determination to represent the United States as energetically and faithfully as I can.

At the same time, I must confess that sitting across the table from so many colleagues brings me sadness, too. I love the Senate and if you confirm me for this new role, it will be hard to say goodbye to so many members, Republicans and Democrats, whom I have come to know, admire and respect deeply, and to this institution where I have been so proud to serve on behalf of the people of New York through some very difficult days over the past eight years.

in good hands with ～에 의해 잘 돌봐지고 있는 | **nominee** 지명자, 후보자 | **keenly** 날카롭게, 예민하게

위원장님, 저도 이 새로운 역할을 맡는 의장님께 축하 인사를 드립니다. 위원장님은 지난 1971년 젊은 베트남 전 참전용사로서 여기서 증언한 날부터 상당히 먼 길을 여행해오셨습니다. 위원장님은 전혀 머뭇거림없이 우리나라, 우리나라의 외교정책과 미래에 관심과 걱정을 보여오셨고 미국은 이 위원회를 이끄는 위원장님에 의해 잘 돌봐지고 있습니다.

대통령 당선자 오바마의 국무장관 지명자로서 오늘 아침 이곳에 오게 되어 영광입니다. 저는 대단히 심각하게 위험하면서도 많은 가능성이 있는 시기에 조국과 국민에게 봉사하도록 대통령 당선자께서 저를 신뢰해주신 데 대해 깊이 감사드리며 제게 맡긴 책임을 잘 알고 있습니다. 인준이 된다면, 저는 최대한 열정적으로 성실히 미국을 대표하기 위해 감사하는 마음, 겸손과 확고한 결심을 갖고 제 직무를 수용할 것입니다.

동시에 저는 많은 동료들과 마주 앉는 것은 저를 슬프게도 한다는 것을 말씀드려야겠군요. 저는 상원을 사랑하기 때문에, 여러분이 이 새로운 역할을 위해 저를 인준하신다면 제가 깊이 알고 존경하게 된 공화당, 민주당 의원님들과 이 의회에 작별인사를 하다는 것은 쉽지 않은 일이 될 것입니다. 저는 지난 8년 동안 매우 어려운 시기에 뉴욕주민들을 위해 상원에서 봉사해온 것을 매우 자랑스럽게 생각합니다.

 24-02

But I assure you I will be in frequent consultation and conversation with the members of this committee, the House Foreign Affairs Committee, the Appropriations Committees, and with Congress as a whole, and I look forward to working with my good friend, Vice President-elect Biden, who has been a valued colleague and a very valued chairman of this committee.

For me, consultation is not a catch word. It is a commitment. The president-elect and I believe that we must return to the time honored principle of bipartisanship in our foreign policy, an approach that has served our nation well. I look forward to working with all of you to renew America's leadership through diplomacy that enhances our security, advances our interests, and reflects our values.

Today, our nation and our world face great peril from ongoing wars in Iraq and Afghanistan to the continuing threats posed by terrorist extremists, the spread of weapons of mass destruction, from the dangers of climate change to pandemic disease, from financial meltdowns to worldwide poverty.

하지만 저는 이 위원회 위원들, 하원 외교위원회, 세출위원회 그리고 의회 전체와 자주 협의하고 대화할 것임을 분명히 말씀드리며, 친한 친구 부통령 당선자 바이든과 함께 일하게 되어 기대됩니다. 바이든 부통령 당선자는 소중한 동료이자 이 위원회의 매우 소중한 위원장이셨습니다.

저에게 협의는 선전문구가 아니라 하겠다는 약속입니다. 부통령 당선자와 저는 우리는 우리나라에 매우 도움이 되었던 방식인 외교정책에 있어서 예로부터의 초당파주의 원칙으로 돌아가야 한다고 생각합니다. 저는 우리의 안보를 강화하고, 우리의 이익을 증진시키며, 우리의 가치를 반영하는 외교를 통해 미국의 리더십을 일신하기 위해 여러분 모두와 일하기를 기대합니다.

오늘날, 우리나라와 세계는 이라크와 아프가니스탄에서 계속되고 있는 전쟁에서 과격 테러범들에 의한 계속되는 위협, 대량 파괴 무기의 확산, 기후 변화의 위험에서 범유행병, 금융위기에서 전세계적인 빈곤에 이르는 엄청난 위험에 직면해 있습니다.

The 70 days since the presidential election offer fresh evidence of these challenges, new conflict in Gaza, terrorist attacks in Mumbai, mass killings and rapes in the Congo, cholera in Zimbabwe, reports of record high greenhouse gases and rapidly melting glaciers, and even an ancient form of terror – piracy – asserting itself in modern form off the Horn of Africa.

Always and especially in the crucible of these global challenges, our overriding duty is to protect and advance America's security, interests and values, to keep our people, our nation and our allies secure, to promote economic growth and shared prosperity at home and abroad, and to strengthen America's position of global leadership so we remain a positive force in the world, whether in working to preserve the health of our planet or expanding opportunity for people on the margins whose progress and prosperity will add to our own.

대선 이후 70일은 이러한 난제들에 대한 새로운 증거를 제공합니다. 가자 지구의 새로운 분쟁, 뭄바이에서의 테러 공격, 콩고에서 발생한 대량 살육과 강간, 짐바브웨의 콜레라, 기록적인 온실 가스에 대한 보도와 빠른 속도로 녹고 있는 빙하와 심지어 고대적인 형태의 테러 – 해적 행위 – 가 아프리카 북동부에서 현대적인 형태로 드러난 난제들을 말입니다.

언제나 그리고 특히 이러한 국제적 도전들의 혹독한 시련 속에서, 우리의 최우선 책무는 미국의 안보, 이익과 가치를 보호 또는 증진하고, 우리 국민, 우리나라와 우리의 동맹국들을 안전하게 하고, 경제 성장과 공유된 번영을 국내외에서 촉진하며, 미국의 국제적 리더십 지위를 강화하는 것입니다. 그렇게 함으로써 우리 행성의 건강을 유지하기 위해 노력할 때든, 그들의 발전과 번영이 우리의 것을 증대시키게 될 소외 계층의 기회를 확대할 때든, 우리는 이 세계에서 여전히 긍정적인 영향을 미치게 됩니다.

The best way to advance America's interests in reducing global threats and seizing global opportunities is to design and implement global solutions. That isn't a philosophical point. This is our reality. The president-elect and I believe that foreign policy must be based on a marriage of principles and pragmatism, not rigid ideology, on facts and evidence, not emotion or prejudice. Our security, our vitality, and our ability to lead in today's world oblige us to recognize the overwhelming facts of our interdependence.

I believe that American leadership has been wanting, but is still wanted. We must use what has been called smart power, the full range of tools at our disposal – diplomatic, economic, military, political, legal, and cultural – picking the right tool or combination of tools for each situation. With smart power, diplomacy will be the vanguard of our foreign policy. This is not a radical idea. The Ancient Roman poet Terence declared that "In every endeavor, the seemly course for wise men is to try persuasion first." The same truth binds wise women as well.

seize 붙잡다 | **philosophical** 철학의 | **pragmatism** 실용주의 | **oblige** 의무를 지우다, ~하게 하다 | **vanguard** 선봉

세계적인 위협을 줄이고 세계적인 기회를 잡는다는 미국의 이익을 증진시키는 최선책은 세계적인 해결책을 계획해서 실행하는 것입니다. 이건 철학적인 이야기가 아닙니다. 이건 우리의 현실입니다. 대통령 당선자와 저는 외교정책이 원칙들의 결합, 경직된 사상이 아닌 실용주의, 감정과 편견이 아닌 사실과 증거를 토대로 수립되어야 한다고 믿습니다. 우리의 안보, 우리의 존속력, 오늘의 세계에서 세계를 이끄는 우리의 능력은 상호의존이라는 너무나 확실한 사실을 인식하게 합니다.

저는 미국의 리더십은 부족해왔고 여전히 부족하다고 생각합니다. 우리는 우리가 맘껏 이용할 수 있는 다양한 도구들인 '스마트파워'라고 불리는 것을 이용해야 합니다 – 외교, 경제, 군사, 정치, 법률, 문화 전 범주에서 적절한 도구를 고르거나 각 상황에 맞춰 도구들을 결합해서 사용하는 거죠. 스마트파워와 함께 외교는 우리 외교정책의 선봉이 될 것입니다. 이건 과격한 발상이 아니에요. 고대 로마의 시인 테렌스는 모든 노력에서 지혜로운 사람들에게 적절한 방향은 먼저 설득을 시도하는 것이라고 분명히 밝혔습니다. 똑같은 진리가 지혜로운 여성들에게도 적용됩니다.

2008 DNC Speech

민주당 전당대회에서의 오바마 지지 호소 연설

2008년 8월 26일, 콜로라도 주 덴버

버락 오바마 상원의원이 민주당 대선후보로 공식 지명되자 깨끗하게 승복하고 오바마 상원의원에 대한 지지를 촉구하는 연설이다. 대선기간 중 치열하게 난타전을 벌였지만 당과 나라를 위해 지난 모든 것을 다 잊고 헌신하겠다는 모습이 인상적이다.

Thank you all very very much. Thank you. Thank you all very much. I am so honored to be here tonight. I'm here tonight as a proud mother, as a proud Democrat, as a proud senator from New York, a proud American, and a proud supporter of Barack Obama.

My friends, it is time to take back the country we love. Whether you voted for me, or voted for Barack, the time is now to unite as a single party with a single purpose. We are on the same team, and none of us can afford to sit on the sidelines. This is a fight for the future. And it's a fight we must win together. I haven't spent the past 35 years in the trenches advocating for children, campaigning for universal health care, helping parents balance work and family, and fighting for women's rights here at home and around the world to see another Republican in the White House squander our promise of a country that really fulfills the hopes of our people. And you haven't worked so hard over the last 18 months, or endured the last eight years, to suffer through more failed leadership.

감사합니다. 감사합니다. 여러분 모두에게 진심으로 감사드립니다. 감사합니다. 모두들 감사드립니다. 오늘 밤 이 자리에 서게 되어 참으로 영광입니다. 저는… 자랑스러운 어머니로서, 자랑스러운 민주당원으로서, 자랑스러운 뉴욕 주 상원 의원으로서, 자랑스러운 미국인으로서, 그리고 버락 오바마 후보의 자랑스러운 지지자로서 오늘 밤 이 자리에 섰습니다.

동지 여러분, 이제 우리가 사랑하는 나라를 되찾을 때입니다. 저에게 표를 던졌든 오바마 의원에게 표를 던졌든, 지금은 하나의 목표를 가진 하나의 당으로 단합해야 할 때입니다. 우리는 같은 팀이며, 어느 한 사람도 방관자로서 좌시할 수 없는 상황에 놓여 있습니다. 이것은 미래를 위한 투쟁이며, 우리가 반드시 승리해야만 하는 싸움입니다. 제가 지난 35년 동안 앞장서서 아동의 권리를 위해 싸우고, 전 국민 의료보험 도입을 위한 운동을 벌이고, 부모들이 일과 가정의 균형을 이루는 것을 돕고, 그리고 국내외 여성의 권리를 위해 싸운 것은 백악관에 또 다른 공화당원이 입성하여 미국의 약속, 곧 진정으로 국민의 소망을 충족시켜주는 것을 짓밟는 광경을 목도하기 위해서가 아니었습니다. 그리고 여러분이 지난 18개월 동안 그렇게 열심히 선거 운동을 한 것도, 아니 지난 8년을 인내한 것도 더 무능한 리더십 아래에서 고통받기 위해서가 아니었습니다.

For me, it's been a privilege to meet you in your homes, your workplaces, and your communities. Your stories reminded me that everyday America's greatness is bound up in the lives of the American people – your hard work, your devotion to duty, your love for your children, and your determination to keep going, often in the face of enormous obstacles. You taught me so much and you made me laugh, and yes...... you even made me cry. You allowed me to become part of your lives. And you became part of mine.

I will always remember the single mom who had adopted two kids with autism, she didn't have any health insurance and she discovered she had cancer. But she greeted me with her bald head painted with my name on it and asked me to fight for health care for her and her children. I will always remember the young man in a Marine Corps t-shirt who waited months for medical care and he said to me: "Take care of my buddies; a lot of them are still over there..... and then will you please (help) take care of me?" And I will always remember the young boy who told me his mom worked for the minimum wage and that her employer had cut her hours. He said he just didn't know what his family was going to do.

autism 자폐증 | **take care of** 돌보다

여러분의 가정과 직장에서, 또는 지역사회에서 여러분을 만난 것은 제게 커다란 기쁨을 주었습니다. 여러분과 나눴던 무수한 이야기들은 제게 미국의 위대함이 국민들의 삶과 밀접한 관계에 있다는 것을 한 번 더 깨닫게 해주었습니다. 저는 여러분의 근면함, 맡은 일에 대한 헌신, 자녀에 대한 사랑, 그리고 때로는 거대한 장벽에 부딪히더라도 계속 전진하자고 결심하는 모습에서 그것을 깨달았습니다. 여러분 덕분에 저는 많은 것을 배웠고, 많이 웃었습니다. 맞습니다. 눈물을 흘린 적도 있습니다. 여러분이 저를 여러분 삶의 일부가 되게 해주셨듯이, 여러분 역시 제 삶의 일부가 되셨습니다.

저는 남편도 없이 홀로 자폐아 두 명을 입양하여 키우던 여성을 늘 기억할 것입니다. 그녀는 의료보험도 없이 자신이 암에 걸린 걸 알게 되었던 여성이었습니다. 하지만 그분은 제 이름을 쓴 대머리를 보여주며, 자신과 자신의 자녀들을 위해 의료보험 개혁을 위해 싸워줄 것을 부탁했습니다. 저는 몇 달 동안 의료 혜택을 받기를 기다리던 젊은이를 늘 기억할 것입니다. 해병대 티셔츠를 입고 있던 그는 "수많은 저의 전우들을 돌봐주십시오. 그들은 지금도 의료보험 개혁을 기다리고 있습니다. 그들부터 돕고 저를 도와주십시오."라고 말했습니다. 저는 자신의 어머니 얘기를 제게 털어놓던 소년도 잊지 않을 것입니다. 그 소년의 어머니는 최저임금을 받고 시간제로 일하는데, 그녀의 고용주는 노동 시간마저 줄여버렸다고 합니다. 소년은 이제 그의 가족들이 어떻게 살아가야 할지 모르겠다고 말했습니다.

I will always be grateful to everyone from all fifty states, Puerto Rico and the Territories, who joined our campaign on behalf of all those people left out and left behind by the Bush Administration. To my supporters, to my champions – to my sisterhood of the traveling pantsuits – from the bottom of my heart: Thank you. Thank you. Because you never gave in and you never gave up. And together we made history.

Most of all, I ran to stand up for all those who have been invisible to their government for eight long years. Those are the reasons I ran for President. And those are the reasons I support Barack Obama for President. I want you, I want you to ask yourselves: Were you in this campaign just for me? Or were you in it for that young Marine and others like him? Were you in it for that mom struggling with cancer while raising her kids? Were you in it for that young boy and his mom surviving on the minimum wage? Were you in it for all the people in this country who feel invisible? We need leaders once again who can tap into that special blend of American confidence and optimism that has enabled generations before us to meet our toughest challenges. Leaders who can help us show ourselves and the world that with our ingenuity, creativity, and innovative spirit, there are no limits to what is possible in America.

Territory 준주(準州), 속령, 자치령 | **minimum wage** 최저임금 | **tap into** ~을 활용하다 |
innovative 혁신적인

저는 부시 행정부에 의해 소외되고 버림받은 모든 사람들을 위해 전국 50개 주와 푸에르토리코, 그리고 준주(準州)에서 우리 선거운동을 위해 동참해준 여러분들에게도 늘 감사할 것입니다. 저의 지지자들과 저를 위해 싸워준 투사들, 그리고 선거 운동 본부의 여성 동지들에게 진심으로 감사하다는 말씀을 드립니다. 감사합니다. 절대 굴복하지도, 포기하지도 않았던 여러분, 감사드립니다. 우리는 함께 역사를 만들었습니다.

무엇보다도 저는 지난 8년이란 긴 세월 동안 정부의 관심 밖에 있던 이들을 대변하고 싶었습니다. 제가 대통령 후보로 나선 것도, 제가 버락 오바마 후보를 지지하는 것도 바로 이런 이유 때문입니다. 여러분 스스로 자문해보십시오. 여러분은 단지 저만을 위해 이 유세에 참여하셨습니까? 아니면 앞서 말한 그 젊은 해병대원과 그와 같은 다른 분들을 위해 참여하셨습니까? 아이를 키우면서 암과 투병하는 그 어머니를 위해서였습니까? 최저임금으로 살아가는 그 소년과 어머니를 위해서였습니까? 이 나라에서 소외감을 느끼는 사람들을 위해서였습니까? 우리는 이전 세대가 미국인 특유의 자신감과 낙관주의로 힘겨운 도전에 맞설 수 있었듯이 그것들을 잘 통합시킬 수 있는 지도자들이 다시 한번 필요합니다. 우리에게는 독창성과 창의력, 혁신 정신이 있기에 미국은 가능성이 무궁무진한 나라라는 것을 미국 국민과 전 세계인에게 증명해낼 지도자가 필요합니다.

Now this will not be easy. Progress never is. But it will be impossible if we don't fight to put a Democrat back into the White House. We need to elect Barack Obama because we need a President who understands that America can't compete in a global economy by padding the pockets of energy speculators, while ignoring the workers whose jobs have been shipped overseas. We need a President who understands that we can't solve the problems of global warming by giving windfall profits to the oil companies while ignoring opportunities to invest in new technologies that will build a green economy. We need a President who understands that the genius of America has always depended on the strength and vitality of the middle class.

Barack Obama began his career fighting for workers displaced by the global economy. He built his campaign on a fundamental belief that change in this country must start from the ground up, not the top down. And he knows that government must be about "We the people" not "We the favored few." And when Barack Obama is in the White House, he'll revitalize our economy, defend the working people of America, and meet the global challenges of our time.

pad 추가하다, 완충재를 대다 | **speculator** 투기자 | **windfall profit** 우발 이익, 불로소득

지금과 같은 상황에서 이런 일은 쉽게 이루어지지 않을 것입니다. 진보는 결코 쉽게 이루어지지 않습니다. 그러나 우리가 민주당원을 백악관에 입성시키기 위해 투쟁하지 않는다면 진보는 불가능해질 것입니다. 우리는 버락 오바마 후보를 당선시켜야 합니다. 왜냐하면 미국이 에너지 투기꾼들 주머니만 두둑하게 채워주고 해외에 일자리를 빼앗기는 노동자들을 무시한다면 세계 경제에서 살아남지 못한다는 것을 잘 아는 대통령이 필요하기 때문입니다. 석유 회사에는 막대한 이윤을 보장하면서 녹색 경제를 건설할 새로운 기술에 투자하지 않는다면 지구 온난화 문제가 해결되지 못한다는 것을 잘 아는 대통령이 필요하기 때문입니다. 미국의 정신은 중산층의 힘과 활력에 늘 의존해왔음을 잘 아는 대통령이 필요하기 때문입니다.

버락 오바마는 세계 경제에 의해 일자리를 잃은 노동자들을 위해 싸우며 사회생활을 시작했습니다. 그는 이 나라의 변화는 위에서부터가 아니라 아래서부터 시작돼야 한다는 근본적인 신념을 바탕으로 이 선거 유세를 시작했습니다. 그는 정부란 '혜택받은 소수를 위한 정부'가 아닌 '국민을 위한 정부'여야 한다는 것을 잘 알고 있습니다. 버락 오바마가 백악관에 입성한다면, 그는 미국 경제를 회생시키고, 노동자들을 보호하며, 이 시대에 세계가 직면한 문제들을 해결할 것입니다.

Nothing less than the fate of our nation and the future of our children hangs in the balance. I want you to think about your children and grandchildren come election day. Think about the choices your parents and grandparents made that had such a big impact on your lives and on the life of our nation. We've got to ensure that the choice we make in this election honors the sacrifices of all who came before us, and will fill the lives of our children with possibility and hope. That is our duty, to build that bright future, to teach our children that in America there is no chasm too deep, no barrier too great – no ceiling too high – for all who work hard, who keep going, have faith in God, in our country, and in each other. That is our mission. Democrats, let's elect Barack Obama and Joe Biden for that future worthy of our great country.

Thank you. God bless you and Godspeed.

지금 국가의 운명과 우리 아이들의 미래는 불확실합니다. 저는 여러분에게 투표일에 여러분의 자녀와 손자들을 생각해보라고 말씀드리고 싶습니다. 여러분의 삶과 우리 국민의 삶에 커다란 영향을 끼쳤던 여러분의 부모님과 조부모님의 선택도 떠올려보십시오. 이번 선거를 통해 우리는 반드시 선조들의 희생을 기리고, 우리 자녀들의 삶을 가능성과 희망으로 채우는 선택을 확실히 해야 합니다. 그러한 밝은 미래를 건설하고 열심히 일하며 계속 전진하는 사람, 하느님과 우리나라와 서로에게 믿음이 있는 사람들을 위해 미국에는 깊은 틈도, 거대한 장벽도, 높은 천장도 있을 수 없음을 미래의 세대에게 가르치는 것은 우리의 의무이자 사명입니다. 민주당원 여러분, 위대한 미국에 걸맞은 미래를 위해 버락 오바마와 조 바이든 후보를 선출합시다.

감사합니다. 신의 축복이 있기를.

Concession Speech

민주당 대선경선 중단 선언 연설

2008년 6월 7일, 워싱턴 D.C. 국립건축박물관

자신을 지지하던 지지자들에게 오바마 상원의원을 지지해줄 것을 호소하는 대선후보 양보 연설이다. 앞 챕터의 8월 26일 연설문과 함께 2008년 힐러리 클린턴의 최고 명연설 중 하나로 꼽힌다.

I want to start today by saying how grateful I am to all of you, to everyone who poured your hearts and your hopes into this campaign, who drove for miles and lined the streets waving homemade signs, who scrimped and saved to raise money, who knocked on doors and made calls, who talked, sometimes argued with your friends and neighbors... who e-mailed and contributed online, who invested so much in our common enterprise, to the moms and dads who came to our events, who lifted their little girls and little boys on their shoulders and whispered in their ears, "See, you can be anything you want to be."

I entered this race because I have an old-fashioned conviction that public service is about helping people solve their problems and live their dreams. I've had every opportunity and blessing in my own life, and I want the same for all Americans. And until that day comes, you'll always find me on the front lines of democracy, fighting for the future. The way to continue our fight now, to accomplish the goals for which we stand is to take our energy, our passion, our strength, and do all we can to help elect Barack Obama, the next president of the United States. Today, as I suspend my campaign, I congratulate him on the victory he has won and the extraordinary race he has run. I endorse him and throw my full support behind him.

먼저 오늘 여러분 모두에게 얼마나 감사하고 있는지 말씀드리고 싶습니다. 이번 선거 운동에 마음과 희망을 쏟은 분들 모두에게, 수 마일 차를 몰고 오신 분들과 거리에 줄을 서서 집에서 만든 표지판을 흔드신 분들, 모금을 위해 절약하고 저축하신 분들, 문을 두드리며 집집마다 찾아다니시고, 전화하신 분들, 대화를 나누다가 때로는 친구나 이웃들과 논쟁을 벌인 분들, 이메일을 보내주시며 온라인으로 기여하신 분들, 우리의 공동 사업에 아주 많은 시간을 투자하신 분들, 우리 행사에 오신 엄마와 아빠들, 이분들은 어린 자녀들을 자신들의 어깨 위에 태우면서 아이들의 귀에 대고 "봐, 네가 원하는 무엇이든 될 수 있어."라고 말하셨는데 이 모든 분께 감사드립니다.

저는 공공봉사의 핵심은 국민의 문제를 해결하고 그들의 꿈을 이룰 수 있도록 도와주는 것이라는 오랜 신념을 가지고 있기 때문에 이 경선에 뛰어들었습니다. 저는 제 인생을 살아오면서 온갖 기회와 축복을 누렸는데 저와 같은 기회와 축복이 모든 미국인들에게 주어지길 바랍니다. 그날이 올 때까지, 여러분은 언제나 민주주의의 최전선에서 미래를 위해 싸우고 있는 저를 발견하게 될 것입니다. 이제 계속해서 싸우고 우리가 달성하려는 목표를 성취하는 길은 우리의 에너지, 열정, 힘을 모아 최선을 다해 버락 오바마 대선후보가 차기 미 대통령으로 당선되도록 돕는 것입니다. 저는 오늘 저의 선거운동을 중단하면서 그분이 거둔 승리와 그분이 치러온 엄청난 경선에 축하를 보내며 그분을 뒤에서 전폭적으로 지원할 것입니다.

This election is a turning-point election. And it is critical that we all understand what our choice really is. Will we go forward together, or will we stall and slip backwards? Now, think how much progress we've already made. When we first started, people everywhere asked the same questions. Could a woman really serve as commander-in-chief? Well, I think we answered that one. And could an African-American really be our president? And Senator Obama has answered that one. Together, Senator Obama and I achieved milestones essential to our progress as a nation, part of our perpetual duty to form a more perfect union. Now, on a personal note, when I was asked what it means to be a woman running for president, I always gave the same answer, that I was proud to be running as a woman, but I was running because I thought I'd be the best president. But...

stall 시간을 끌다, 시동이 꺼지다 | **perpetual** 영구적인, 영원한 | **on a personal note** 개인적으로

이번 선거는 전환점이 되는 선거이며 함께 전진할 것인지 아니면 늦추고 있다가 뒤로 미끄러질 것인지에 대한 우리의 선택이 정말로 무엇인지 이해하는 것이 매우 중요합니다. 자, 우리가 이미 얼마나 진보했는지 생각해보십시오. 우리가 처음 시작했을 때, 사람들은 어디를 가나 같은 질문을 던졌습니다. 여성이 정말로 최고 사령관이 될 수 있을까?라는 질문 말입니다. 저는 그 질문에 답했다고 생각합니다. 흑인이 정말로 우리의 대통령이 될 수 있을까?라는 질문은 오바마 상원의원이 답했습니다. 오바마 상원의원과 저는 함께 국가로서의 우리의 진보에 중요한 획기적인 역사를 썼습니다. 이는 보다 완벽한 연합을 이루려는 우리의 영원한 사명의 일환이죠. 개인적으로 여성의 대통령 출마가 무슨 의미가 있느냐는 질문을 받을 때마다 저는 항상 똑같은 답변을 했습니다. 여성으로 대통령 출마가 자랑스럽지만 최고의 대통령이 될 것이라고 생각했기 때문에 출마했다고요....... 하지만....

 26-03

To those who are disappointed that we couldn't go all of the way, especially the young people who put so much into this campaign, it would break my heart if, in falling short of my goal, I in any way discouraged any of you from pursuing yours. Always aim high, work hard, and care deeply about what you believe in. And, when you stumble, keep faith. And, when you're knocked down, get right back up and never listen to anyone who says you can't or shouldn't go on.

Life is too short, time is too precious, and the stakes are too high to dwell on what might have been. We have to work together for what still can be. And that is why I will work my heart out to make sure that Senator Obama is our next president. And I hope and pray that all of you will join me in that effort.

This is now our time to do all that we can to make sure that, in this election, we add another Democratic president to that very small list of the last 40 years and that we take back our country and once again move with progress and commitment to the future.

Thank you all. And God bless you, and God bless America.

stumble 발을 헛디디다 | **dwell on** 곰곰이 생각하다 | **work one's heart out** 있는 힘을 다하다

더 이상 가지 못한 데 대해 실망하신 분들께, 특히 이 선거운동에 아주 많은 노력을 기울이신 젊은이들이 제 목표에 이르지 못하면서 제가 어떤 방식으로든 여러분의 꿈을 단념하게 했다면 제 마음도 아플 것이라는 말씀드립니다. 항상 목표를 높이 잡고, 열심히 일하고, 여러분이 믿는 것에 깊은 관심을 보이십시오. 실패하더라도 신념을 지키십시오. 그리고 쓰러질 때는, 바로 일어나서 당신은 해낼 수 없을 것이며 계속해서는 안될 것이라고 말하는 사람들의 말을 듣지 마세요.

인생은 너무 짧고 시간은 너무 소중하여 무엇이었을까 곰곰이 생각하는 것은 너무 위험합니다. 우리는 아직도 할 수 있는 일을 위해 힘을 모아야 합니다. 그래서 저는 오바마 상원의원이 우리의 차기 대통령이 되도록 있는 힘을 다하게 될 것입니다. 그리고 저는 여러분 모두 저와 함께 노력해주실 것을 희망하고 기도합니다.

이번 대선에서 지난 40년 동안 대통령 명단에 얼마 없었던, 또 한 명의 민주당 대통령을 추가함으로써 우리나라를 되찾고 미래를 위한 헌신과 진보를 통해 다시 한 번 전진하기 위해 지금이야 말로 우리가 할 수 있는 모든 것을 해야 할 때입니다.

감사합니다. 신께서 여러분과 미국을 축복하시기를……

Iraq War Speech

이라크 전쟁 지지 연설

2002년 10월 10일, 미 상원

2001년에 자신의 지역구 뉴욕 시에서 9/11 테러가 발생해서 그런지 비장한 표정으로 이라크 침공을 위한 무력 사용 승인을 호소하는 연설이다. 사담 후세인이 핵무기를 개발을 계속 하지 못하도록 강도 높은 조치가 필요하다고 했다.

Today, Mr President, we are asked whether to give the President of the United States authority to use force in Iraq should diplomatic efforts fail to dismantle Saddam Hussein's chemical and biological weapons and his nuclear program. I am honored to represent nearly 19 million New Yorkers, a thoughtful democracy of voices and opinions who make themselves heard on the great issues of our day especially this one. Many have contacted my office about this resolution, both in support of and in opposition to it, and I am grateful to all who've expressed an opinion.

I also greatly respect the differing opinions within this body. The debate they engender will aid our search for a wise, effective policy. Therefore, on no account should dissent be discouraged or disparaged. It is central to our freedom and to our progress, for on more than one occasion, history has proven our great dissenters to be right.

의장님, 오늘 우리는 사담 후세인의 생화학무기와 그의 핵 프로그램을 폐기하려는 외교적 노력이 실패한다면 미국 대통령에게 이라크에서 무력을 사용할 권한을 줄 것인가하는 질문을 받았습니다. 저는 사려 깊은 목소리와 의견을 내는 민중인 약 1,900만 뉴욕 주민들을 대변하게 된 것을 영광으로 여깁니다. 우리 주민들은 우리 시대의 중요한 현안들에 대해 자신들의 견해를 알립니다, 특히 이 문제에 대해서요. 많은 분들이 제 사무실에 연락해서 이 결의안에 대해 지지 또는 반대를 표명했는데 저는 의견을 표현한 모든 분께 감사드립니다.

저는 또한 이 조직 내의 다양한 의견들을 깊이 존경합니다. 그들이 일으키는 토론은 우리가 현명하고 효과적인 정책을 찾는 데 도움을 줄 것입니다. 따라서, 무슨 일이 있어도 반대하지 못하게 하거나 반대를 폄하해서는 안 됩니다. 그것은 우리의 자유와 진보에서 중요합니다. 왜냐하면 역사는 우리의 위대한 반대자들이 옳았다는 것을 한 번 이상 증명했기 때문입니다.

Now, I believe the facts that have brought us to this fateful vote are not in doubt. Saddam Hussein is a tyrant who has tortured and killed his own people, even his own family members, to maintain his iron grip on power. He used chemical weapons on Iraqi Kurds and on Iranians, killing over 20 thousand people. Unfortunately, during the 1980's, while he engaged in such horrific activity, he enjoyed the support of the American government, because he had oil and was seen as a counterweight to the Ayatollah Khomeini in Iran.

In 1991, Saddam Hussein invaded and occupied Kuwait, losing the support of the United States. The first President Bush assembled a global coalition, including many Arab states, and threw Saddam out after forty-three days of bombing and a hundred hours of ground operations. The U.S.-led coalition then withdrew, leaving the Kurds and the Shiites, who had risen against Saddam Hussein at our urging, to Saddam's revenge.

fateful 운명적인 | **iron grip** 철권, 강한 지배력 | **withdraw** 철수하다

저는 우리가 이 운명을 결정하는 표결을 하게 한 사실들이 확실하다고 봅니다. 사담 후세인은 권력을 꽉 잡고 유지하기 위해 자국민들을, 심지어 자신의 가족들까지도 고문하고 살해한 독재자입니다. 그는 이라크 쿠르드족과 이란인들에 화학무기를 사용해 20,000명 이상을 살해했습니다. 불행히도 그가 이러한 끔찍한 행위를 저질렀던 1980년대에 그는 미국 정부의 지지를 즐겼습니다. 왜냐하면 그가 석유를 가졌고 그가 이란의 아야톨라 호메이니에 대한 견제세력으로 보였기 때문이었습니다.

1991년 사담 후세인은 쿠웨이트를 침공해서 점령함으로써 미국의 지지를 잃었습니다. 아버지 부시 대통령은 많은 아랍 국가들을 포함하여 다국적군을 모아 43일간의 폭격과 100시간의 지상 작전으로 사담을 축출했습니다. 이후 미국 주도의 연합군이 철수하면서 우리의 요청에 따라 사담에 맞섰던 쿠르드족과 시아파들은 사담에 보복 당했습니다.

 27-03

In 1998, Saddam Hussein pressured the United Nations to lift the sanctions by threatening to stop all cooperation with the inspectors. In an attempt to resolve the situation, the UN, unwisely in my view, agreed to put limits on inspections of designated "sovereign sites" including the so-called presidential palaces, which in reality were huge compounds well suited to hold weapons labs, stocks, and records which Saddam Hussein was required by UN resolution to turn over. When Saddam blocked the inspection process, the inspectors left. As a result, President Clinton, with the British and others, ordered an intensive four-day air assault, Operation Desert Fox, on known and suspected weapons of mass destruction sites and other military targets.

It is clear, however, that if left unchecked, Saddam Hussein will continue to increase his capacity to wage biological and chemical warfare, and will keep trying to develop nuclear weapons. Should he succeed in that endeavor, he could alter the political and security landscape of the Middle East, which as we know all too well affects American security.

sanction 제재 | **in an attempt to** ～하기 위해 | **so-called** 소위

1998년 사담은 사찰단과의 모든 협력을 중단하겠다고 위협함으로써 제재를 해제하도록 UN에 압력을 가했습니다. 이러한 상황을 해결하기 위해 UN은, 제가 볼 때 현명하지 못했는데, 소위 대통령 궁들을 포함해서 지정된 '주권 지역' 사찰에 제한을 두기로 합의했습니다. 사실 이곳은 무기 연구소, 비축과 사담 후세인이 UN 결의안에 따라 넘겨주기로 한 기록들을 보유하기에 적합한 거대한 복합건물들이었습니다. 사담이 사찰 진행을 막자 사찰단은 떠났습니다. 그 결과, 영국을 비롯한 다른 나라들과 함께 클린턴 대통령은 강도 높은 4일간의 공습을 명령했습니다. 사막 여우 작전에서 알려진 장소와 의심되는 대량 파괴 무기 장소들과 기타 군사적인 목표물들을 폭격했습니다.

그러나 저지하지 않으면 사담 후세인이 생화학전을 수행할 능력을 계속 증대하고 핵무기 개발을 계속하려고 할 것임이 분명합니다. 그가 이러한 노력에서 성공한다면, 그는 중동의 정치와 안보 상황을 바꿀 수 있습니다. 이렇게 되면 우리 모두 너무 잘 아는 바와 같이 미국의 안보에 영향을 줍니다.

This is a very difficult vote. This is probably the hardest decision I have ever had to make – any vote that might lead to war should be hard – but I cast it with conviction. And perhaps my decision is influenced by my eight years of experience on the other end of Pennsylvania Avenue in the White House watching my husband deal with serious challenges to our nation. I want this President, or any future President, to be in the strongest possible position to lead our country in the United Nations or in war. Secondly, I want to insure that Saddam Hussein makes no mistake about our national unity and for our support for the President's efforts to wage America's war against terrorists and weapons of mass destruction. And thirdly, I want the men and women in our Armed Forces to know that if they should be called upon to act against Iraq, our country will stand resolutely behind them.

And finally, on another personal note, I come to this decision from the perspective of a Senator from New York who has seen all too closely the consequences of last year's terrible attacks on our nation. In balancing the risks of action versus inaction, I think New Yorkers who have gone through the fires of hell may be more attuned to the risk of not acting. I know that I am.

lead to 이르다 | **mass destruction** 대량 학살 | **resolutely** 결연히, 단호히 | **attune** 맞추다, 적응 시키다

이것은 매우 어려운 표결입니다. 이것은 아마도 제가 지금까지 내린 결정들 중에서 가장 어려운 결정일 것입니다 – 전쟁에 이를지도 모르는 표결은 어느 표결이든 어려울 것입니다만 저는 확신을 갖고 투표합니다. 그리고 어쩌면 제 결정은 펜실베이니아 가 반대쪽에 있는 백악관에서 제 남편이 우리나라의 중대한 난제들을 처리하는 것을 8년 동안 지켜본 경험에 영향을 받았을지도 모릅니다. 저는 현 대통령 또는 미래의 대통령이 UN이나 전쟁에서 우리나라를 이끌 수 있는 가능한 한 가장 강력한 위치에 있기를 바랍니다. 둘째, 저는 사담 후세인이 우리 국민의 단결과 테러범들과 대량살상무기를 상대로 전쟁을 수행하려는 대통령의 노력에 대한 우리의 지지에 대해 오해가 없도록 하고자 합니다. 셋째, 저는 우리 국군장병들이 이걸 알아주기 바랍니다. 그들이 이라크와 싸워달라는 요청을 받으면, 우리나라는 그들을 결연하게 지지할 것이라는 것을 말입니다.

끝으로 또 다시 개인적으로, 저는 지난해 우리나라에 대한 끔찍한 공격의 결과를 너무나도 가까이 본 뉴욕 주의 한 상원의원의 시각에서 이 결정에 이르렀습니다. 행동 대 무행동을 생각해볼 때, 저는 지옥의 불을 겪은 뉴욕인들은 행동하지 않았을 때의 위험을 더 잘 알 수 있다고 생각합니다. 저는 제가 무행동에 따르는 위험을 알고 있다는 것을 압니다.

Remarks on the 9/11 Attacks

세계 무역센터와 국방부 공격에 대한 대응으로
미 상원에서 행한 연설

2001년 9월 12일, 미 상원

2001년 9월 11일에 미국에서 벌어진 항공기 납치 동시다발 자살 테러로 뉴욕의 110층짜리 세계무역센터(WTC) 쌍둥이 빌딩이 무너지고, 버지니아 주 알링턴 군의 미국 국방부 펜타곤이 공격받은 대참사 다음 날 상원에서 행한 연설이다. 당시 뉴욕 상원 의원으로 재직 중이었기 때문에 충격에서 헤어나지 못한 모습을 보이기도 했지만 차분하게 테러 대응과 관련한 자신의 의견을 피력하고 있다.

Thank you, Mr. President, and I thank my colleagues for their outpouring of support, their concerns and their many offers of additional aid that has come to the rescue of our people as a result of this devastating tragedy.

You know, yesterday dawned a beautiful day in New York. My daughter told me that it was one of those days that the skies were totally clear and there was a breeze and people were starting to line up at the polling places to vote because it was primary day, election day — a continuation of the commitment to democracy and self-government that has set us apart from every society that has ever existed because of the longevity of our democracy and the will of our people to constantly renew ourselves. New Yorkers went from standing in line to vote to standing in line to donate blood in just a few hours. I don't think any of us will ever get out of our minds the images that we saw on television of the plane going into the first tower, the plane going into the second tower, the plane going into the Pentagon. But there were tens of thousands of our fellow Americans, people that live in New York and New Jersey and Connecticut — people literally from every part of our country and indeed the world for whom this was not an event that they watched in horror on television, but they lived through and in too many instances did not survive.

감사합니다, 의장님. 저는 지원하겠다고 나서고 염려해주고 이 엄청난 비극의 결과로 우리 시민들을 구조하기 위한 여러 가지 추가 지원 제의를 해주신 제 동료들에게 감사드립니다.

어제 뉴욕에는 좋은 날이 밝았습니다. 제 딸이 말하기를 아주 맑은 하늘에 산들바람이 불었고 예비선거일이라 시민들은 투표를 위해 투표소에 줄을 서기 시작했다더군요 – 민주주의와 자치에 대한 신념의 지속은 우리 민주주의의 장수와 끊임없이 진화하려는 우리 시민들의 의지 때문에 지금까지 존속해온 모든 사회와 우리를 차별화했습니다. 투표장에 줄을 서 있던 뉴욕 시민들이 불과 몇 시간 뒤에는 헌혈을 위해 줄을 섰습니다. 우리들 중 어느 누구도 우리가 TV에서 본 장면을 잊게 될 것이라고 생각하지 않습니다. 비행기가 첫 번째 타워에 돌진하고, 두 번째 타워에 돌진하고 국방부에 돌진하는 장면 말입니다. 하지만 뉴욕, 뉴저지, 코네티컷에는 우리 시민 수만 명이 살고 있습니다 – 이분들은 엄밀히 말해서 우리나라와 사실상 전 세계에서 오신 분들인데 이분들에게 이것은 공포 속에 TV로 본 사건이 아니었습니다. 그들은 직접 겪었고 너무 많은 사람들이 살아남지 못했습니다.

We're beginning to find out what that was like. Chuck (Schumer) and I have a lot of friends who worked in those towers, worked in the center, worked near by. We are hearing the stories of husbands and wives grabbing cell phones and calling home to say I love you, good-bye. We know and I am sure every person in this body and in the House and many, many of our fellow citizens, when we finally know the names of those killed and injured, will know someone. This was an attack on New York, but it was really an attack on America. I've been very gratified, as I know that Chuck has and all our colleagues in the House by the strong support we've received from the President, and I am very grateful. We've expressed our appreciation.

Check the Vocabulary

colleague 동료

우리는 상황이 어땠는지 알아내기 시작하고 있습니다. 척과 제게는 그 타워에서, 그 센터에서, 부근에서 일했던 친구들이 많아요. 우리는 남편과 아내들이 휴대폰을 쥐고 집에 전화걸어 "사랑해", "안녕"이라는 말을 했다고 들었습니다. 우리는 압니다. 저는 우리가 최종적으로 사상자들의 이름을 알게 될 때, 누군가를 알 거라고 확신합니다. 이 테러는 뉴욕에 대한 공격이었지만 이건 사실상 미국에 대한 공격입니다. 저는 대통령의 강력한 지원에 매우 만족해왔습니다. 제가 알기로는 척과 하원의 모든 제 동료들 역시 만족했습니다. 대단히 감사합니다. 우리는 감사를 표명했습니다.

I hope that within a short period of time, Senator Warner, we will see scaffolding on the sides of the Pentagon after we finish the search and rescue and recovery work that is being carried out heroically. I hope we all see a clear signal that we are rebuilding and our defenses are more resolute than ever. And I hope similarly that lower Manhattan has the same kind of image of project because the reality will be that we are rebuilding and reconstructing and making clear that just as our military might is unchallenged and un-cowed so is our economics, our social, our political values epitomized by New York.

I have expressed my strong support for the President. Not only as the Senator from New York, but as someone who for eight years has some sense of the burdens and responsibilities that fall on the shoulders of the human being we make our President. It is an awesome and an oftentimes awful responsibility for any person. I know we are up to it. I know we are ready for it. And I know that everyone in this body represents every American in making clear we are united and stronger than ever. So it is with a heavy heart, really a sense of heartbreak that I rise today in support of this resolution.

scaffolding 비계, 발판 | **heroically** 용맹스럽게, 늠름하게, 영웅답게 | **un-cowed** 겁먹지 않는 |
epitomize 요약하다 | **oftentimes** 종종(= often)

워너 상원의원, 저는 짧은 기간 내에, 우리가 영웅답게 수행되고 있는 수색 및 복구 작업을 마친 후 국방부 측면에서 비계를 볼 수 있기를 희망합니다. 저는 우리 모두 우리가 재건하고 있고 우리의 국방은 이전보다 더 결의에 차 있다는 분명한 신호를 볼 수 있기를 바랍니다. 저는 또한 로워 맨해튼이 같은 종류의 프로젝트 이미지를 갖기를 바랍니다. 왜냐하면 우리가 재건하고 재건설하며 우리의 군사력이 도전받지 않고 위협받지 않듯이 우리의 경제와 뉴욕이 전형이 되는 우리의 사회적, 정치적 가치 역시 도전받거나 위협받지 않는다는 것을 분명히 하고 있다는 것이 현실일 것이기 때문입니다.

저는 대통령에 대한 강력한 지지를 표명했습니다. 뉴욕 주 상원의원으로서뿐만 아니라 8년 동안 우리가 대통령으로 뽑은 인간의 부담과 책임을 어느 정도 이해하는 사람으로서 지지를 표명했습니다. 그것은 어느 누구에게나 막중하면서도 때로는 끔찍한 책임이기도 하죠. 저는 우리가 해낼 수 있다는 것을 압니다. 우리가 준비되어 있다는 것을 압니다. 이 의회의 모든 사람은 우리가 이전보다 단결되어 있고 더 강하다는 것을 분명히 할 때 모든 미국인을 대변한다는 것도 압니다. 그래서 저는 오늘 서서 이 결의안을 지지하면서 마음이 무겁습니다. 정말 비통한 마음입니다.

But it is also with a great sense of pride. First in the people of New York who responded as New Yorkers always do when times get tough. There was not a sense of panic, there was order, and there was an immediate outpouring of help. And those men and women we sent in to rescue our fellow Americans — there is no way adequately to express our gratitude. To our firefighters, our police officers, our emergency personnel, our doctors, and nurses and medical personnel. They responded at a height of a tragic, unexpected attack with the kind of grit and courage that we expect from New Yorkers. And to all of those who are missing a loved one, there are no words any of us can express, except to tell you in the clearest possible terms we will — in a united American response — support you, offer assistance to you, stand with you, and pursue those who reached deep into your family homes yesterday and took someone you loved away from you.

There will be a lot of work ahead of us in this body and in the House and we will pursue that and I am grateful for the support we have received. Thank you very much.

하지만 강한 자긍심도 느낍니다. 먼저, 어려운 시기에 뉴욕 시민들이 늘 하던 대로 대응한 뉴욕 시민들이 자랑스럽습니다. 혼란 없이 질서가 있었고 즉시 도움에 나섰습니다. 뉴욕 시민들을 구조하기 위해 우리가 파견한 남성과 여성분들 – 우리의 감사를 적절히 표명할 방법이 없습니다. 소방대원들, 경찰관들, 구급대원들, 의사, 간호사 및 의료진들에 대해서요. 이분들은 뉴욕시민들에게 기대되는 투지와 용기를 가지고 예상치 못했던 비극적 테러가 발생한 바로 그 순간에 대응했습니다. 사랑하는 분들을 잃은 분들에게는 우리가 표현할 단어들이 없습니다. 가장 분명하게 말씀드릴 수 있는 것은 단합한 미국인의 대응방식으로 우리는 여러분을 지지하고, 도움을 제공하고, 여러분의 편에 서서 어제 여러분의 가족들을 공격해서 여러분에게서 사랑하는 가족을 빼앗아간 자들을 추적하겠다는 것 말고는 드릴 말씀이 없습니다.

앞으로 상·하원 의원님들이 해야 할 일이 많을 것이고 우리는 그 일을 추구할 것입니다. 끝으로 보내주신 지원에 감사드립니다. 대단히 감사합니다.

1996 DNC Speech

1996년 민주당 전당대회 연설

1996년 8월 27일, 시카고

지금으로부터 20년 전 영부인이던 시절 민주당 전당대회에서 행한 연설이다. 지금은 할머니도 되었고 상원의원, 국무장관직을 거치며 대중 연설의 대가가 되어 청중을 봐 가며 상황에 따라 능숙능란하게 대처하는 달변가가 되었지만 당시에는 수많은 군중 앞에서 대중 연설을 많이 해본 경험이 없었던 때라 약간은 긴장되어 보이는 정치 신인 같은 모습으로 연설을 해나가고 있다. 요즘의 클린턴과는 완전히 다른 젊은 목소리로 연설을 해 최근의 대선후보 연설문 등과는 여러 면에서 대조되는 멋진 연설이다.

You know, Bill and I are fortunate that our jobs have allowed us to take breaks from work, not only when Chelsea was born, but to attend her school events and take her to the doctor. But millions of other parents can't get time off. That's why my husband wants to expand the Family and Medical Leave Law so that parents can take time off for children's doctors appointments and parent-teacher conferences at school.

We all know that raising kids is a full-time job, and since most parents work, they are, — we are — stretched thin. Just think about what many parents are responsible for on any given day — packing lunches; dropping the kids off at school; going to work; checking to make sure that the kids get home from school safely; shopping for groceries; making dinner; doing the laundry; helping with homework; paying the bills.

And I didn't even mention taking the dog to the vet. That's why my husband wants to pass a flex-time law that will give parents the option to take overtime pay either in extra income or in extra time off, depending upon which is ever best for your family.

take a break 휴식하다 | **time off** 휴식, 휴가 | **medical leave** 병가 | **stretch thin** 힘에 부치다, 최선을 다하다

빌과 저의 일은 첼시가 태어났을 때만이 아니고 첼시의 학교 행사 참가와 첼시를 병원에 데려가기 위해 근무를 쉴 수 있어 다행입니다. 하지만 수백만 명의 다른 부모님들은 휴가를 받을 수 없어요. 그래서 제 남편은 부모님들이 자녀들의 병원 예약과 학교에서 열리는 교사-학부모 회의를 위해 가족 의료 휴가법을 확대하고자 하는 겁니다.

우리 모두 육아는 하루 종일 일을 해야 하는 일이라는 것을 알고 있고 대다수 부모님들은, 그들은 - 우리들은 힘에 부치게 됩니다. 어느 지정된 날, 많은 부모님들이 담당하는 일을 생각해보십시오 - 도시락 싸고, 아이들 학교에 내려놓고, 직장에 가고, 아이들이 안전하게 귀가하는지 확인하고, 식료품 쇼핑하고, 저녁 짓고, 세탁하고, 숙제 도와주고, (청구서 지불을 위해) 돈 버는 일을요.

그리고 강아지를 수의사한테 데려가는 것에 대해서는 언급조차 하지 않았네요. 그래서 제 남편이 유연한 시간법을 통과시키고자 하는거에요. 이 법이 통과되면 어떤 것이 가족에게 가장 좋으냐에 따라 부모님들은 초과 근무에 대해 추가 수당을 받거나 추가 휴가를 선택할 수 있게 됩니다.

Our family has been lucky to have been blessed with a child with good health. Chelsea has spent only one night in the hospital after she had her tonsils out. But Bill and I couldn't sleep at all that night.

But our experience was nothing like the emotional strain on parents when their children are seriously ill. They often worry about where they will get the money to pay the medical bills. That is why my husband has always felt that all American families should have affordable health insurance. Just last week the president signed a bill sponsored by Senators Kennedy and Kassebaum, a Democrat and a Republican that will enable 25 million Americans to keep their health insurance even when they switch jobs or lose a job or have a family member who's been sick.

This bill contains some of the key provisions from the president's proposal for health care reform. It was an important step achieved only after both parties agreed to build, not block progress on making health care available to all Americans. Now the country must take the next step of helping unemployed Americans and their children keep health insurance for six months after losing their jobs.

우리 가족은 축복을 받아 건강한 아이를 낳았습니다. 첼시는 편도선을 잘라낸 후 병원에서 단 하룻밤만 보냈습니다. 하지만 저희 부부는 그날 밤 한숨도 못 잤습니다.

하지만 우리의 경험은 자신들의 자녀들이 중병에 걸릴 때 부모들에게 주는 정신적 압박감 같은 것은 아니었습니다. 그들은 종종 병원비 지불할 돈을 어디에서 구할 것인가 걱정합니다. 그래서 제 남편은 항상 모든 미국 가정은 저렴한 의료보험에 들어 있어야 한다고 생각해온 겁니다. 지난주 대통령은 민주당과 공화당의 상원의원인 케네디와 카세바움에 의해 발의된 한 법안에 서명했습니다. 이 법안이 통과되면 2,500만 미국 시민들은 심지어 이직하거나 실직하거나 아픈 가족이 한 명 있어도 계속해서 건강보험을 유지할 수 있게 됩니다.

이 법안에는 대통령의 의료 개혁안의 일부 핵심 조항들이 들어 있습니다. 이것은 모든 미국인들에게 의료가 가능하게 하는 것을 가로막는 것이 아니라 진척시키기로 양당이 합의한 후에야 이룩한 중대한 조치였습니다. 이제 정부는 실직한 미국인들과 그들의 자녀들이 실직 후 6개월 동안 의료보험을 유지하게 도와주는 다음 조치를 취해야 합니다.

If you lose your job it's bad enough. But your daughter shouldn't have to lose her doctor too. And our nation still must find a way to offer affordable health care coverage to the working poor and the ten million children who lack health insurance today.

The president also hasn't forgotten that there are thousands of children languishing in foster care who can't be returned home. That's why he signed legislation last week that provides for a $ 5,000 tax credit for parents who adopt a child. It also abolishes the barriers to cross-racial adoptions. Never again will a racial barrier stand in the way of a family's love.

My husband also understands that parents are their child's first teachers. Not only do we need to read to our children and talk to them in way that encourage learning, we must support our teachers and our schools in deeds as well as words.

The president announced today an important initiative, called America Reads. This initiative is aimed at making sure all children can read well by the third grade. It will require volunteers, but I know there are thousands and thousands of Americans who will volunteer to help every child read well.

coverage 범위 | **languish** (강제로) 머물다 | **legislation** 제정법, 입법 | **stand in the way of** ~ 을 방해하다 | **deeds** 행위

실직은 안타까운 일이지만 여러분의 딸도 의사를 잃어서는 안 됩니다. 그리고 우리나라는 여전히 저렴한 의료보험 혜택을 현재 의료보험 혜택을 받지 못하는 근로 빈곤층과 천만 어린이들에게 제공할 방법을 찾아야 합니다.

대통령은 또한 집에 돌아갈 수 없는 수천 명의 어린이들이 보육원에서 고생하고 있다는 것을 잊지 않았습니다. 그래서 대통령은 지난주 입법안에 서명했는데 이 법안이 통과되면 아이를 입양하는 부모들에게는 5,000달러의 세금이 공제됩니다. 이 법은 또한 인종을 초월한 입양에 대한 장벽을 철폐합니다. 두 번 다시 인종 간의 장벽이 한 가정의 사랑을 방해하지 못할 것입니다.

제 남편은 또한 부모가 자녀의 첫 번째 교사라는 것을 압니다. 우리는 학문을 장려하는 방식으로 우리 아이들에게 책을 읽어주고 아이들과 대화를 나눠야 할 뿐만 아니라 말은 물론이고 행동으로 우리들의 교사와 학교를 지원해야 합니다.

대통령은 오늘 "America Reads"라고 하는 중요한 계획을 발표했습니다. 이 계획은 3학년이 되면 모든 아이들이 잘 읽을 수 있게 하는 것을 목표로 하고 있습니다. 이 안은 자원봉사자들을 필요로 할 것이지만 저는 모든 아이가 잘 읽도록 자발적으로 도와줄 수많은 미국인들이 있다는 것을 알고 있습니다.

For Bill and me, there has been no experience more challenging, more rewarding and more humbling than raising our daughter. And we have learned that to raise a happy, healthy, and hopeful child, it takes a family. It takes teachers. It takes clergy.

It takes business people. It takes community leaders. It takes those who protect our health and safety. It takes all of us. Yes, it takes a village. And it takes a president.

It takes a president who believes not only in the potential of his own child, but of all children, who believes not only in the strength of his own family, but of the American family who believes not only in the promise of each of us as individuals, but in our promise together as a nation. It takes a president who not only holds these beliefs, but acts on them. It takes Bill Clinton.

Sometimes late at night, when I see Chelsea doing her homework or watching TV or talking to a friend on the phone, I think to myself her life and the lives of millions of boys and girls will be better because of what all of us are doing together. They will face fewer obstacles and more possibilities. That is something we should all be proud of. And that is what this election is all about.

humble 겸손하게 행동하다 | **clergy** 성직자 | **potential** 잠재력 | **think to oneself** 마음속으로 생각하다

빌과 제게 있어 딸을 기르는 것보다 더 어렵고, 더 보람되며, 더 겸손하게 만드는 경험은 없었습니다. 그리고 우리는 행복하고, 건강하며 희망찬 아이를 키우기 위해서는 가족, 교사, 성직자가 필요하다는 것을 배웠습니다.

기업인들이 필요하고 지역사회 지도자들이 필요하고 우리의 건강과 안전을 지켜주는 사람들이 필요합니다. 우리 모두가 필요합니다. 그렇습니다. 마을이 필요하고 대통령이 필요합니다.

그러기 위해서는 대통령이 필요합니다. 자신의 아이의 잠재력뿐만 아니라 모든 아이들의 잠재력을 믿는 대통령, 자신의 가족의 능력뿐만 아니라 미국 가정의 능력을 믿는 대통령, 개인으로서의 우리 각자의 장래성뿐만 아니라 한 국가로서의 우리의 장래성을 믿는 그런 대통령이 필요합니다. 이런 신념을 갖고 있을 뿐만 아니라 그 신념에 따라 행동하는 대통령이 필요합니다. 빌 클린턴이 필요합니다.

가끔 밤 늦게 첼시가 숙제를 하거나 TV를 보거나 전화로 친구와 얘기하는 것을 보면서 저는 우리 모두가 함께하는 것으로 인해 제 딸을 비롯해서 수백만 소년 소녀들의 삶이 나아질 것이라는 생각을 합니다. 이 아이들은 더 적은 장애물과 더 많은 가능성을 만나게 됩니다. 그건 우리 모두 자랑스러워해야 하는 거지요. 그게 바로 이번 선거의 핵심입니다.

Remarks to the U.N. 4th World Conference on Women Plenary Session

제4차 세계여성회의 총회 연설

1995년 9월 5일, 중국 베이징

역사가들이 평가하는 힐러리 클린턴의 최고의 명연설문이다. 클린턴 자신도 이때의 연설을 요즘도 자주 언급하고 있고, 이 연설에서 사용했던 명 표현 "Human rights are women's rights and women's rights are human rights(인권이 여성의 권리이고 여성의 권리가 인권입니다)."은 약간 바뀌어 다른 챕터들의 연설문에 등장할 정도로 그녀의 대표 연설문이 바로 이 연설이다.

By gathering in Beijing, we are focusing world attention, on issues that matter most in our lives – the lives of women and their families: access to education, health care, jobs and credit, the chance to enjoy basic legal and human rights and to participate fully in the political life of our countries.

There are some who question the reason for this conference. Let them listen to the voices of women in their homes, neighborhoods, and workplaces. There are some who wonder whether the lives of women and girls matter to economic and political progress around the globe. Let them look at the women gathered here and at Huairou – the homemakers and nurses, the teachers and lawyers, the policymakers and women who run their own businesses. It is conferences like this that compel governments and peoples everywhere to listen, look, and face the world's most pressing problems. Wasn't it after all – after the women's conference in Nairobi ten years ago that the world focused for the first time on the crisis of domestic violence?

베이징에 모임으로써 우리의 삶, 즉 여성과 그들 가족의 삶에 있어서 가장 중요한 문제들에 대해 세계의 이목을 집중시키고 있습니다. 교육의 기회, 의료, 직업과 대출, 기본적인 법적 권리와 인권을 누릴 기회와 우리 국가들의 정치적 활동에 제대로 참여할 기회입니다.

이 회의를 여는 이유를 묻는 분들이 있습니다. 그분들이 그들의 가정, 이웃 그리고 직장 여성들의 목소리를 듣게 합시다. 여성과 여자 아이들의 삶이 전 세계적으로 경제적, 정치적 발전에 중요한지 의구심을 품는 분들이 있습니다. 그분들이 이곳과 화이러우에 모인 가정주부와 간호사, 교사와 변호사, 정책입안자와 사업을 운영하는 여성들을 보게 합시다. 세계 곳곳의 정부와 사람들이 세계의 가장 시급한 문제들을 듣고, 보고, 마주 대하게 하는 것은 이와 같은 회의들입니다. 그렇지 않았다가 – 10년 전 나이로비에서 개최된 여성회의 이후에야 가정폭력의 위기를 세계가 처음으로 조명하지 않았나요?

At this very moment, as we sit here, women around the world are giving birth, raising children, cooking meals, washing clothes, cleaning houses, planting crops, working on assembly lines, running companies, and running countries. Women also are dying from diseases that should have been prevented or treated. They are watching their children succumb to malnutrition caused by poverty and economic deprivation. They are being denied the right to go to school by their own fathers and brothers. They are being forced into prostitution, and they are being barred from the bank lending offices and banned from the ballot box.

Those of us who have the opportunity to be here have the responsibility to speak for those who could not. As an American, I want to speak for women in my own country, women who are raising children on the minimum wage, women who can't afford health care or child care, women whose lives are threatened by violence, including violence in their own homes.

succumb to ~에 굴복하다 | **deprivation** 결핍, 박탈 | **prostitution** 매춘 | **bar** 금지하다

우리가 여기 앉아 있는 바로 이 순간 전 세계 여성들은 출산하고, 아이를 기르고, 요리하고, 빨래하고, 집을 청소하고, 작물을 심고, 공장의 조립라인에서 일하고, 회사를 운영하고, 나라를 운영하고 있습니다. 여성들은 또한 막았거나 치료되었어야 하는 질병들로 인해 죽어가고 있습니다. 그들은 빈곤과 경제적 박탈에 의한 영양실조로 자녀들이 죽어가는 것을 지켜보고 있습니다. 그들은 자신들의 아버지와 오빠에 의해 학교에 갈 권리를 거부당하고 있습니다. 그들은 매춘을 강요당하고 있고 그들에게는 은행대출과 투표권 행사가 금지되고 있습니다.

이곳에 참가할 기회를 가진 우리에게는 기회를 갖지 못한 분들을 대변할 책임이 있습니다. 미국인으로서 저는 저희 나라의 그 여성들을 대변하고 싶습니다. 최저임금으로 아이들을 키우는 여성들, 의료비나 육아 비용을 낼 여유가 없는 여성들, 그들 가정 내 폭력을 포함해 폭력으로 삶이 위협받는 여성들을 대변하고 싶습니다.

 30-03

I want to speak up for mothers who are fighting for good schools, safe neighborhoods, clean air, and clean airwaves; for older women, some of them widows, who find that, after raising their families, their skills and life experiences are not valued in the marketplace; for women who are working all night as nurses, hotel clerks, or fast food chefs so that they can be at home during the day with their children; and for women everywhere who simply don't have time to do everything they are called upon to do each and every day.

Speaking to you today, I speak for them, just as each of us speaks for women around the world who are denied the chance to go to school, or see a doctor, or own property, or have a say about the direction of their lives, simply because they are women. The truth is that most women around the world work both inside and outside the home, usually by necessity.

We need to understand there is no one formula for how women should lead our lives. That is why we must respect the choices that each woman makes for herself and her family. Every woman deserves the chance to realize her own God-given potential. But we must recognize that women will never gain full dignity until their human rights are respected and protected.

airwave 전파 | **widow** 미망인 | **necessity** 필요 | **formula** 공식

저는 훌륭한 교육, 안전한 이웃, 맑은 공기, 깨끗한 방송을 위해 싸우는 어머니들을 위해 지지의 목소리를 내고 싶습니다. 그들 가족을 키웠지만 시장에서 자신들의 기술과 인생 경험이 인정받지 못한다는 것을 알게 되는 일부 미망인을 포함한 나이든 여성들을 위해, 낮 동안 아이들과 함께 있기 위해 간호사, 호텔 직원, 패스트푸드 주방장으로 밤새도록 일하는 여성들을 위해, 매일 해달라고 부탁받지만 단지 그 모든 일을 할 시간이 나지 않는 모든 곳의 여성들을 대변하고 싶습니다.

오늘 여러분께 연설하면서 우리 각자가 단지 여자이기 때문에 학교에 갈 기회, 의사를 만날 기회나 재산을 소유할 기회, 그들 삶의 방향에 대해 발언할 기회를 박탈당하는 전 세계의 여성들을 대변하듯이 저도 그분들을 대변합니다. 진실은 전 세계에서 대부분의 여성이 대체로 필요에 의해서 가정 내외에서 일한다는 것입니다.

여성들이 우리의 삶을 영위하는 방식에 대한 공식이 하나만 있지 않다는 점을 우리는 이해해야 합니다. 그게 우리가 각각의 여성이 자신과 자신의 가족을 위해 내리는 선택을 존중해야 하는 이유입니다. 여성은 누구나 신이 부여한 그들 자신의 잠재력을 실현할 기회를 가질 자격이 있습니다. 그러나 우리는 그들의 인권이 존중되고 보호되기 전까지 여성들이 완전한 존엄성을 얻지 못할 것임을 인식해야 합니다.

Our goals for this conference, to strengthen families and societies by empowering women to take greater control over their own destinies, cannot be fully achieved unless all governments – here and around the world – accept their responsibility to protect and promote internationally recognized human rights. The international community has long acknowledged and recently reaffirmed at Vienna that both women and men are entitled to a range of protections and personal freedoms, from the right of personal security to the right to determine freely the number and spacing of the children they bear. No one should be forced to remain silent for fear of religious or political persecution, arrest, abuse, or torture.

If there is one message that echoes forth from this conference, let it be that human rights are women's rights and women's rights are human rights once and for all. And among those rights are the right to speak freely – and the right to be heard.

자신의 운명을 더 많이 통제할 수 있도록 여성의 권한을 강화함으로써 가족과 사회를 강화시키고자 하는 이 회의의 목표는 이곳과 전 세계의 모든 정부가 국제적으로 인정되는 인권을 보호하고 촉진해야 하는 자신들의 책임을 받아들이지 않으면 완전히 성취될 수 없습니다. 국제사회가 오랫동안 인정해왔고, 최근에 비엔나에서 여성과 남성 모두 개인적인 안전에 대한 권리에서 그들이 낳을 자녀 수와 터울을 자유롭게 결정할 수 있는 권리에 이르기까지 다양한 보호를 받고 개인적인 자유를 누릴 자격이 있음을 재확인했습니다. 어느 누구도 종교적 혹은 정치적 박해, 체포, 학대 또는 고문에 대한 두려움 때문에 침묵하도록 강요받아서는 안됩니다.

이 회의에서 밖으로 널리 울려 퍼질 한 가지 메시지가 있다면 그것은 최종적으로 인권은 여성의 권리이고, 여성의 권리는 인권이라는 것입니다. 이러한 권리 중에는 자유롭게 말할 권리와 목소리를 낼 권리가 있습니다.

리더들의 명연설문 베스트 30

강홍식 저 | 170*220mm | 328쪽 | 15,000원(mp3 CD 포함)